中华民间经典故事会

黄鹤楼

地方传说

怡安 选编

民间故事

中国社会出版社

图书在版编目(CIP)数据
黄鹤楼:地方传说/怡安选编.—北京:中国社会出版社,2009.8
(中华民间经典故事会)
ISBN 978-7-5087-2721-9

Ⅰ.黄… Ⅱ.怡… Ⅲ.民间故事—作品集—中国 Ⅳ.I277.3

中国版本图书馆CIP数据核字(2009)第117733号

丛 书 名:中华民间经典故事会
出品策划:李春园
书　　名:黄鹤楼:地方传说
选　　编:怡　安
绘　　图:王无骄
责任编辑:邢幼弢

出版发行:中国社会出版社　　邮政编码:100032
通联方法:北京市西城区二龙路甲33号新龙大厦
电　话:(010)66080300　(010)66085300
邮购部:(010)66060275
电　传:(010)66051713
编辑室:(010)66060097
网　　址:www.shcbs.com.cn
经　　销:全国各地新华书店

印刷装订:北京华创印务有限公司
开　　本:150mm×225mm　1/16
印　　张:11.25
字　　数:106千字
版　　次:2012年3月第2版
印　　次:2013年12月第3次印刷

定　　价:19.00元

编者的话

过去时兴“讲古”，劳动的间歇、热闹的市集、“猫冬”的时候……在人们聚会的所有场合，都会说笑话、讲故事。千万不要小看这些在炕头、在村口讲述的故事，什么是好、什么是坏、什么是美、什么是丑、谁是好人、谁是恶人，说得一清二楚，以一种使人愉悦的形式对人们进行着道德教育，潜移默化中构建起大众共同的价值体系。

这些故事是民间知识读本。它告诉你，我们的先人是怎么理解宇宙的构造、人类的起源、万物生成的来历、人和人之间的相互关系。同时也把民间历史知识如数家珍地演述出来。这种叙说，虽然没有历史学家所表述的那么公允，但是却更明晰地体现了民众最朴实的评价。为人民做了好事的，就应该受到褒奖和称赞；为非作歹、迫害人民的，就应该受到讽刺和鞭挞。这些故事也许并非是真实发生的，但却在某种程度上反映了更高层次的“真实”。

这些故事是调剂我们先辈艰难枯燥生活的精神食粮。在衣食无着、艰难困苦的劳动生活中，故事成为让他们的心灵得到慰藉和愉悦的最佳方式。听故事、讲故事，在笑声中获得一种胜利者的满足。故事的好处是说不尽的。我们哪一个人不是在故事的陪伴下成长起来的呢？这里所说的故事，是广义的概念，包括神话、传说、狭义的故事、笑话等在内的所有口耳相传的散文类民间叙事作品。

神话是庄严的、远古的神圣叙事，涉及宇宙起源、人类诞生、大自然的形成和变化，人类的一切发明和创造，万物的起源以及鬼神世界等，把人们带到了悠远而又悠远的亘古时期。

我们周围的山山水水、动物植物，一位位历史人物、一桩桩历史事件……所有的一切无不被民众以传说的方式演绎成脍炙人口的艺术作品，当做“可信的史实”口耳相传，汇成浩瀚的传说海洋。

故事是最为民众喜闻乐见的民间叙事体裁。这类作品里充满着幻想与虚构，任凭你张开想象的翅膀，让思绪恣意驰骋，神奇的宝物、万能的神仙……使勤劳善良但却被侮辱被损害的主人公们都能终得善果、天从人愿。

即使是以现实生活为题材的讽刺性故事，也多以虚构为主要叙事手法。十二生肖排座次的故事里，老鼠和牛比大小争第一。老鼠想出一个巧主意，要骑在牛背上逛街。满街的人都喊“好大的老鼠”，却没有一个人理会已经司空见惯的牛。于是老鼠自然就在十二生肖里排了个第一。这样的故事虽然没有神奇的幻想，却以巧妙的虚构贯穿始终，更加生动隽永，意趣盎然。

故事流传的历史，就是一部民众世代延续的生活史，凝聚着先人的心血和才智，是我们中华民族智慧的结晶。那么到了今天，这些故事还有意义吗？科技的飞速发展让幻想不再有神奇的意蕴，在这样的环境中，故事还有存在的空间吗？还能继续发挥它曾经有过的作用吗？

一位伟大的思想家说过，想象具有永久的魅力，是不可企及的艺术高峰。开天辟地的盘古、填海的精卫、挖山不止的愚公、补天的女娲……这些主人公的精神不是仍然在鼓舞着今天的我们吗？牛郎织女的传说、嫦娥奔月的传说、梁祝的传说……这些瑰丽多姿的传说故事，化作世代传袭的文化血液流淌在每一个中国人的身体里。就如同中秋的圆月，早已成为凝结着民族情感的文化符号。今天，这些文化遗产在带给我们灵感和力量的同时，让我们更充实、更奋进，更乐观向上、更有幸福感。

民政部、中央文明办、文化部、新闻出版总署、国家广电总局、中国作协等六部委主办的“万家社区图书室援建和万家社区读书活动”是惠及亿万城乡读者的民心工程，现在贡献给各位读者的《中华民间经典故事会》正是其中的一个具体项目，希望我们优秀的民间文化通过图书援建和读书活动得到传承和弘扬。这些故事都是搜集于二十世纪七八十年代的口传作品，很少经过文人的润改和再创造，最能体现在民间流传的原汁原味。在此要特别感谢所有的讲述者和记录者，他们的无私奉献使凝聚着民族智慧的优秀民间故事得到很好的保护和传承。希望这套丛书不仅能够为亲爱的读者提供欣赏的愉悦，也能够借此提升我们大家对祖国文化遗产的关爱。

目录

目录

目录

三峡黄牛岩

相传，巫山神女瑶姬用金钗杀死了十二条妖龙，龙血把江水都染红了。过了三年，江水还有血腥味儿。妖龙的骨头变成龙骨石，把西陵峡口堵死了，江水流不出去，猛往上涨。峡江两岸全是水，没有一块干地方。

大禹正在黄河两岸治水，听到这个消息，便带着治水的民丁，日夜赶路，到三峡疏河治水。哪晓得龙骨石比一般的石头还硬，锄头挖下去火星子直冒，只留下一点白印子。大禹的手上、脚上尽是伤，一连九年没有回家。

这事感动了天上的星宿，他下凡尘，帮助大禹治水。星宿变成了几十丈长的一头黄牛。它把脑壳一埋，尾巴一夹，四条腿使劲，用牛角一砣一砣地挖龙骨，用头一处一处地抵龙骨石，最终触开了夔门，推开了三峡，一直把龙骨推出西陵峡口，堆成荆门十二碚。江里淤的泥沙在宜昌沉下来，形成了一块平原。

黄牛帮大禹治好了长江水，四面八方的百姓都赶来谢它。黄牛把脑壳一昂，四脚一蹦，跃上高岩，钻到树林里去了。大禹追上悬崖口，只看到板壁岩上留下一个清晰的黄牛身影。

从此，人们便把那山叫做黄牛山，把那岩叫做黄牛岩。

讲述者：袁登春　男　49岁　宜昌县干部　初中
　　　　覃宗年　男　72岁　宜昌县农民　私塾2年
采录者：郑新华　干部　中专
采录时间地点：1988年10月采录于宜昌县三斗坪黄陵村

附　记

长江三峡简称三峡，是瞿塘峡、巫峡、西陵峡的合称。它西起四川省奉节县的白帝城，东至湖北省宜昌县的南津关，全长一百九十三公里，是世界上最大的峡谷之一，也是著名的旅游胜地。最长的西陵峡在湖北境内，其中三斗坪是三峡大坝的坝址。西陵峡所通过的秭归县，是屈原的故里。民间传说三峡是大禹劈开的，因此后世的不少风物故事都和他有关。

黄陵庙

黄牛帮大禹治水有功，当地百姓想修一座庙供奉神牛香火。

为了选个好庙址，老百姓从湖广、四川请来了四个阴阳先生。谁知人多嘴杂，这个说这里好，那个说那里好，庙址拖了很长时间都没定下来。

一天，四个阴阳先生又在一起争论庙址的选择，看稀奇的老百姓围了好几层。吵到小中界[1]，从山上下来一个白胡子老头儿，肩膀上挎着一把斧头，把围观的人扒开一条缝，走到中间说：“几位先生莫争哒，西陵峡哪儿都有风水宝地，我把斧头朝天一甩，它落到哪儿就在哪儿修庙，行吗?”

阴阳先生们以为老头儿在开玩笑，纷纷嘲笑一番。但见老头儿取下斧头，轻轻往上一甩，斧头像长了翅膀一样，在人们头上转了一个圈，然后往前飞去，稳稳当当落在半里远的一块地上。大伙跑去一看，斧头脑壳朝下，把子朝上，斧头口朝着长江，像长了根一样，摇得动拿不动。那几个阴阳先生忙把盘子[2]拿出来一放，再细看山势走向，却原来是“九龙捧圣”之地。大家忙了一阵子之后，才想起找那个老头儿，哪晓得连影子也没有见到，这才悟出是鲁班大师下凡显圣。

后来，工匠们修庙时，中心点就定在斧头落下的地方，出门正对长江。斧把三尺三寸长，庙就建了三丈三尺高。

讲述者：陈洪全　男　72岁　宜昌县农民　私塾2年
采录者：黄定虎　郑新华　苗大雁　干部
采录时间地点：1987年8月采录于宜昌县三斗坪镇黄陵村

① 小中界：快中午了。
② 盘子：罗盘。

附　记

黄陵庙在西陵峡中，为纪念黄牛助禹治水而建。据传，始建于战国时期，名黄牛祠。诸葛亮入川时重修，改称黄牛庙。唐宣宗大中九年扩建，改主祭神牛为主祭禹王，称黄陵庙。黄陵庙是三峡中的重要建筑，黄牛峡就在其附近。

九龙奔江

秭归城西门外的江边，有九道石梁，传说是古时候九条汉子变的，称为“九龙奔江”。

古时候的秭归，本叫夔子国，是个十年九旱、有种无收的地方。老百姓为了战胜旱灾，在一位老人张老龙的带领下，打算把蚱溪水引上山，浇灌田地。谁知这件事被住在夔城的夔巫知道了，他最喜欢天旱。因为一天旱，人们就要请他去求雨。他想，要是堰沟修成了，谁还请我去求雨呢？于是赶快跑去报告夔王说："大王，祸事来了。"

夔王问："什么祸事？"

"有个张老龙，率众修沟堰。要是修成了，就会破了夔国的风水，毁了宝地的灵气，危及大王子孙呀！"

夔王一听，大怒道："这还得了，快把他杀了！"

张老龙果真被杀了。他的九个儿子张大龙、张二龙、张三龙……一同去收回了父亲的尸体。九个儿子哭了九天九夜，决心为父报仇，继承父亲治水遗志。彭家坡的彭祖老大爷吊孝来了，他见九龙弟兄哭得这般伤心，便说："你们想继承父志、报父仇，莫哭，莫哭！我来教你们一个法子，一可报仇除夔巫，二可求雨灭旱灾。"

九兄弟忙止住哭，问道："什么法子？"

彭祖说："就在夔城前面的江中，有莲花三漩。这里一到半夜子时，每个旋涡里便开出一朵金莲花来。如果把你们父亲的尸体葬到中间那朵莲花里，再在水塘里闹上一百天，然后到江边去喝一百口水，就可以成龙归海，报仇灭灾了。"

听彭祖这么一说，九兄弟便连夜抬着棺材来到江边。等到半夜子时，只见三个旋涡里突然闪出三道金光，照亮了江面。接着，每个旋涡里出现了一座比碾盘还大的莲花苞儿，在旋涡里旋转着，慢慢儿地开放，开得像一座小金銮殿，一阵阵清香在江面飘散。九龙兄弟都看呆了，差点忘了埋葬父亲的事。这时棺材连响三声，他们才赶快把它放进中间一朵莲花心里。真奇怪，他们刚一放进去，那金莲便一瓣瓣儿、一层层儿地收拢来，包住棺材。然后慢慢地沉下去了。

这时候，睡得正香的夔王猛地一震，摔在地上。他好生奇怪，第二天早晨便招来夔巫，让他算一算有何吉凶。

夔巫掐了三十三回指头，拍了六十六下脑袋，转了九十九转眼珠，才说："大王，祸事来了——昨夜有人在我们的风水宝地莲花三漩里葬下祖先尸骨，引起龙庭震动。"

夔王问："那有什么祸事呢?"

夔巫说："哎呀，那可不得了！把他葬在这里，他的后人就要成龙了。若这龙到了江中，直奔夔城，夔城不就淹没了？若顺江往下，撞倒鸡笼山，堵了西陵峡，我们这儿不就成为汪洋大海了？啊呀呀，你我都会死无葬身之地呀!"

"啊，他们是谁？给我抓起来斩了!"

夔巫转了三十三道圈，仰了六十六次脑袋，擦了九十九次眼睛，才说："启禀我王，小臣窥见西北天空一团黑气，就是看不清他们是谁。容臣慢慢查访。"

夔王点了点头："快去查来!"

夔巫哪里会看得清呢？原来九龙弟兄葬父回家后，就按彭祖的办法，跳进了门前清水塘里钻上钻下，直闹得堰塘昏天黑地的。九龙弟兄在水里闹了九十九天，身上开始长鳞片了。不料他们在水中钻来钻去，把天数记错了，把九十九天当成一百天，便动身向江边走去。

九弟兄不在水里闹了，水色清了，天色也清了。夔巫这才看清楚，便赶快去禀告夔王，做好了部署。

夔巫的阴谋，九龙弟兄并不知道。他们正在江边喝水，只想快点喝完一百口水，好报父亲的仇，改变夔子国连年旱灾的境况。他们喝了三十三口水，四肢发硬了；喝了五十五口水，嘴下生须，头上长角；喝了七十七口水，身子长大，屁股长龙尾了。就在这时候，一阵箭雨“叮叮当当”落在他们身上——夔巫带着人马杀来了。夔巫的人马看见九龙兄弟这般样子，谁敢近前呀？只好远远地用箭射。这些箭落在九兄弟身上，还抵不上搔痒呢。他们根本不理睬，继续喝水。

夔巫又派出了另一路兵，他们在城内外抓来一百只黑狗杀了，把血装在小船里，向莲花三漩摇去。到了午时，他们就朝中间那个旋涡里倒狗血。狗血一倒尽，九龙弟兄父亲的棺材就漂出水面，流走了。棺材一漂走，九龙兄弟便没有护身法力了，身子震动了一下。他们喝了九十九口水，已经变成龙了，就差最后一口水，没能飞腾起来。突然，一支箭落到大龙的背上，发出打雷般的响声。大龙惨叫一声，再也不能喝水了。那八个弟弟听到哥哥惨叫，心里难过呀，嘴里慢了一点，也没喝完最后一口水，就都被射死了。

九龙弟兄死了，他们的尸体变成九道大石梁，一律头向江心，尾向后山，这就是人们所说的“九龙奔江”。至今它们还伏在秭归城西门外，看上去像是要飞腾的样子。

讲述者：何必林　男　65 岁　汉族　秭归县　农民　不识字
采录者：郑帮清　教师　中专
采录时间地点：1980 年 4 月采录于秭归县香溪镇

对我来

空岭滩的江心，横着一堵大礁石，叫“大珠”。石上刻着三个大字：对我来。过往船只都能看见，传说这三个字是一个船工刻的。

从前，空岭滩岸边的柳林碛，住着一个年轻的舵工，叫张来子，他从小在西陵峡里摸爬滚打。爹爹拉纤摔死在望夫岩下，妈妈衣食无着，跳进了白浪涛涛的寡妇滩。他为了活命，只好端着灵牌走父亲的老路，12岁便下河当了小伙计，过着“五尺白布四两麻，脚蹬石头嘴啃沙”的生活。张来子人聪明，手脚灵巧，岸上拉纤像“草上飞”，水里出入像“浪里蛟”。在西陵峡里风风雨雨滚了十几年，对西陵峡的航道熟悉得很，就连有多少石头也数得清，闭着眼都能把船引出“鬼门关”。

“空岭滩啊空岭滩，十船下滩九船翻，连手[①]莫怕对我来，保你通过鬼门关。”张来子凭经验，多次泅水渡江，在江心的石滩上刻下“对我来”三个字。船工照着张来子刻的标记行船，不知免除了多少灾难，张来子成了川江船工的“活菩萨”。

忽然一天，晴天霹雳，洋人的船闯进了南津关，驶向空岭滩。无奈礁石犬牙交错，洋人吓得哆哆嗦嗦，不敢前进一步。他们把张来子抓上船来，刺刀对着，逼他驾船入川。张来子操着舵轮，望着窗外。眼看离“大珠”石不远了，“对我来”三个字越来越清楚，他不顾一切，对着“大珠”开去。

洋船长吓得面如土色，厉声吼道：“怎么对着石头开？”

“那是漕口。”张来子说。

“石头上写的什么字？”

---

① 连手：旧时船工水手互相自称。

"对我来。"

"什么对我来、对你来，你在骗人！"

张来子继续朝"大珠"开去。洋船长急了，去夺张来子的舵轮，逼他转舵。张来子横下一条心，说："老子今天跑不脱了，也叫你们不得好死！"操着舵轮继续朝暗礁开去。只听惊天动地一声响，洋船重重地撞在礁石上，船身一歪滚了下去。张来子趁洋人哭爹叫娘时，纵身跳入空岭滩，一个猛子游出丈把远。他冒出水面要换口气，不料洋枪队一齐开了火，鲜血染红了水面。

后来，这里出现了一只水鸟，经常凄凄凉凉地哀叫："对我来！对我来……"水鸟口里滴出血，把"对我来"三个字染得鲜红鲜红。

讲述者：杜青山　男　67 岁　秭归县工人　不识字
采录者：王健强　干部　高中
采录时间地点：1978 年采录于秭归县青滩镇

蛤蟆碚

唐朝时，竟陵府出了一个奇人，名叫陆羽。他写过一本《茶经》，被称为“茶仙”。据说，他在天宫专管仙家们饮茶的事务。

陆羽认为，茶汁越苦，等级越高。玉皇和王母都怕吃苦，不喜欢喝苦茶，就把陆羽冷在一旁不理睬他。陆羽不甘天宫寂寞，就偷偷溜下人间，到处游玩。

一天，陆羽来到西陵峡口，发现有一股泉水从山石缝里流了出来。放在口中一尝，清冽可口，他就把这股泉水定名为“天下第二泉”。这时，从泉水中跳出一个有千年道行的蛤蟆精，质问陆羽：“你是什么人？竟敢来偷尝我的圣泉水。”

陆羽哈哈大笑：“你真是癞蛤蟆打哈欠——好大的口气！这泉水是你的吗？你也不照照自己是个嘛样子！”

“你可知我蛤蟆大仙的厉害？我能一口把这泉水全都喝干！”蛤蟆精把口一张，那泉水果真就一滴一滴落入它的口中。

谁知陆羽用手朝蛤蟆精一指，说了声：“不许妄动！”蛤蟆精顿时变成石蛤蟆，永远蹲在泉水下面了。它把口向上张开，做出要喝水的模样。泉水只是一滴一滴地落在它的鼻尖上，却怎么也滴不到它的嘴里。谁若不相信，请到蛤蟆碚去看一看。

讲述者：周云卿　男　64岁　宜昌市　退休海员　初中
采录者：肖　觉　干部　高中
采录时间地点：1965年采录于宜昌市港务局

石虎望石门

石门，在西陵峡口外，斜对着南津关和葛洲坝。峭壁上似乎有一门半开半掩，人们叫它石门。有首船歌唱道：

“石门对石鼓，金银没有谱[1]。有人打得开，买个荆州府。”

据说，原来的石门是能开的。有一天，石门洞里的老道接到请柬，要去武当山参加大典。老道走后，小道们便离洞偷偷过江，去往葛洲坝。途中不慎将钥匙丢失，无法回洞，只得去三游洞栖身。这把钥匙后来就变成了葛洲坝上的瓠子。

老道回来，进不了洞，只好请来二郎神，用箭去射洞门。谁知一箭只射开了一条缝，石门怎样也开不了。二郎神怕别人盗走洞中的金银财宝，就把哮天犬留下来，变成一只老虎，蹲在葛洲坝北头的老虎堆上，两眼直望着石门。又命令所有进出西陵峡口的鱼虾都从葛洲坝头的老虎堆下经过，以防它们盗宝。后来，一户姓龙的打鱼人家知道了，就从石门上一点儿下网，再到老虎堆下收网，结果是十网九不空，网网是大鱼。

讲述者：黄世权　男　64岁　宜昌市　干部　私塾
采录者：魏　铁　干部　大学
采录时间地点：1982年采录于宜昌市窑湾乡

---

① 没有谱：即无数。

武当山和小武当山

净乐太子修行四十余年，得道成了仙。

为给自己选一块收受香火的宝地，他到过伏牛山、白马山、牛头山、鸡鸣山、四方山等很多地方，却都不中意，最后看中了太和山。

太和山高耸入云，像一个火把的火头，群山都朝向它。原来的山神是无量佛，他自占山以来，因缺乏神力，香客稀少，香火淡薄，无量佛也毫无办法。

一天，来了一个云游道人，向无量佛借块宝地打坐。无量佛说："行，你随便丈量一块地方。"道人又问："你能给我多大个地方呢?"无量佛说："你量个七八步见方吧，我送给你。"那道人就随随便便地跨了八步，哪知一步竟能跨出百十里远，八步就是八百里，把整个太和山都算进去了。无量佛不便反悔，只得让位。那道人也于心不忍，就拔出腰间佩剑，对着太和山山顶挥了一剑，将山顶削下一截，奉还无量佛栖身。那山顶顺着山势骨碌碌地滚到一处山沟里站住了，从此，无量佛就住在那个小小的山顶上，收受香客们的供奉。

那挥剑削平太和山的道人是"真武大帝"，他把太和山改名为"武当山"，意在只有真武才能坐镇武当。无量佛的那个小山顶就叫做"小武当山"。

讲述者：谭大江　男　41岁　丹江口市　干部　高中
采录者：王老伍　干部　高中
采录时间地点：1982年3月采录于十堰市

附　记

武当山在湖北西北部的丹江口市境内，海拔1612米，山势峻拔，有上、下十八盘等险路及七十二峰、三十六涧等胜景。经唐、宋、元、明四代营建，成为我国重要的道教圣地。明成祖朱棣于1402年起兵，谋朝夺权。朱棣以空前的规模大修武当山，据传就是为了转移朝野人士的视线，利用神权巩固自己的统治。当时，武当山的建筑面积曾达160余万平方米，号称“五里一庵十里一宫”。耸立于天柱峰顶的金殿（也称金顶）及其中的神像都是用铜铸成的，工艺水平极高，是全国重点保护文物。武当山是武当拳的发源地，又是著名的旅游区。武当山的传说非常丰富，多有浓厚的道教色彩。

剑河、十八盘和滴泪池

净乐太子想到武当山修仙，母亲不同意。净乐太子转身就往武当山跑，母亲就在后边追。

净乐太子沿着山路不歇气地奔，母亲跟在身后不松劲地追。太子暗自思忖，不能跑得太快，老娘追得太急会累坏身子；可也不能走得太慢，老娘追上来会纠缠不休。他一面走一面想主意，突然想到可以利用河水把母子隔开。他便拔出宝剑，顺着山沟中的小溪用刀划了一下，只听得“呼啦啦”一声响，两边的高山往后退了老远，闪出一条河道，河水哗哗，飞泻下来，把太子和母亲隔在河的两岸。儿子在河那边向母亲拱了拱手，磕了几个头，然后转身向一座陡峭的山峰攀去。他走一步朝这边望一望，挥一挥手，再走一步又朝这边望一望，挥一挥手，意思是叫母亲快回去。母亲一直望着儿子在对面山上盘了十八转，拐到山那边去了，才一面哭一面往回走，走一步把儿子呼唤一声。走到最后，坐在一块石头上哭了一场，眼泪不断线地往下滴，硬是把身下的石头也冲了一个坑。

后人把太子用宝剑划出来的那道河称做“剑河”，把太子离去的地方称做“上十八盘”，把母亲离去的地方称做“下十八盘”，把母亲泪水滴的坑称做“滴泪池”。

讲述者：谭大江　男　41岁　丹江口市　干部　高中
采录者：王老伍　干部　高中
采录时间地点：1982年3月采录于十堰市

姊妹山

永乐皇帝二修武当的时候，一个凤凰精住在展旗峰后面的大山里，常常变成姑娘出山闲逛。

那时，武当山金顶上正修太和宫，住着许多工匠，每天要派人下山到老营宫去挑盐。这天，工头又派一个小工下山。因是冬天，到处都结了冰，坡陡路滑，小工在路上一步没有踩稳，跌了一跤，一挑盐一下子撒在了地上。盐见水就化，小工揽[1]也揽不起来，急得直哭。

凤凰精听到哭声，变成个姑娘走过来问：“你哭啥呀?”

“我挑的盐撒在地上，揽不起来，回去工头要打我。”

“莫哭，我帮你揽。”

小工打了个渣子[2]，凤凰姑娘已将盐全都揽起来了。他挑上金顶一称，不多不少刚好一百斤，正够数，小工从心眼里感激帮他揽盐的姑娘。打这天起，小工不下山挑盐了。他每天只到原先撒盐的地方，学着姑娘的样子在地上一揽，就是整整一百斤盐，节省了许多气力。

时间长了，老营宫管盐的先生不见小工来挑盐，就问金顶上的工头是咋弄的，为啥不给工匠们盐吃？工头听了在心里盘算：这个小工每天挑的盐是在哪儿偷的？这里边一定有蹊跷！

第二天，工头不叫小工挑盐，叫他下山到老营宫挑油。这一回，小工挑油上山，脚一滑，油又泼了。油一泼地就都钻到土里，一珠儿也莫想捧起来。这咋的了！小工又急得哭起来。

凤凰精听到小工的哭声，又变成大姑娘来了，说：“你莫哭，你莫哭，这石缝有油，快拿油篓来接。”

小工将油篓朝石缝下一搁，石缝里像泉水一样流出油

---

① 揽：收拾。
② 打了个渣子：眨眼间。

来，不多不少，刚好接满一挑，他挑上肩走了。打这以后，小工每天都来这石缝下接油。从这里上金顶没有多少路程，又少出了许多力气，小工更是从心里感激这位姑娘。

武当山的宫观庙宇修起来了，凤凰姑娘和小工也住在了一起，俩人变成了一座很大的山。真武大帝是修道的人，他不准凤凰姑娘和小工成亲，当下拔出七星宝剑狠狠一砍，这座大山被劈成两半，凤凰姑娘和小工眼睁睁被活活分开了。真武大帝怕她俩再合在一起，又一挥宝剑，“呼啦啦”一道大河从劈开的两座山中间流过。这样一来，凤凰姑娘和小工永远被隔在了大河的两岸。

凤凰姑娘和小工做梦也想在一起。每年腊月三十夜里，真武大帝要上天给玉皇大帝团年，他俩就趁这当儿偷偷团圆，两座山“呼”一下合在一起。河水被聚在上游山林间，淹了老高老高。直到天亮，真武大帝要回武当山了，两座山才慢慢地分开。

凤凰姑娘和小工变成的大山被七星宝剑劈开，立陡立陡，竖在金顶前面，人们叫它“姊妹山”。从远处看，姊妹山又像一对蜡烛，所以人们又叫它“蜡烛峰”。凤凰姑娘帮小工揽盐、揽油的地方，人们叫它“盐罐”、“油罐”。那道隔开姊妹山的大河，因是宝剑劈出来的，人们叫它“剑河”。后来，这些都成了武当山有名的风景。

讲述者：葛朝宝　男　63岁　丹江口市伍家沟　农民　不识字
采录者：李征康　干部　高中
采录时间地点：1988年夏采录于丹江口市伍家沟村

烧袍岭

传说，朱洪武登位的第二年，与军师刘伯温带着太子、太孙到野外打猎。洪武皇上一见到秀丽的山光水色，诗兴大发，顺口出了个上联：风吹马尾千条线。要太孙朱允炆接下联。允炆想了半天，吞吞吐吐答：“雨打羊毛一片毡。”

太祖眉头一皱，很不满意，觉得他出口俗气，不是帝王之材。这时候，旁边的四皇子朱棣，接对：“日照龙鳞万点金。”

太祖连连点头：“对得好，对得好！”当下封朱棣为燕王，让他带兵扫北，镇守燕京。

这本是皇宫里的一桩小事，无人计较。军师刘伯温却看在眼里，记在心里，预料国家将要发生祸患。几年后，他就辞官隐居了。临走时，给太孙允炆留下一个锦囊盒子，叮嘱他：“兵临城下，身陷重围，万不得已时，才能打开。”

以后，允炆当了皇帝，改年号建文。因为太平无事，便忘了刘伯温的嘱咐。一日，他正看书，听到旁边有“沙沙”声响。仔细一听，响声就出在刘伯温留的锦囊盒里。什么东西作祟？打开一看，里边有一条小黄龙，四只爪上钉着四颗钢钉，痛得浑身发抖，首尾打颤，眼泪像断线的珍珠，“扑塌塌”往下滴，好可怜，建文皇帝心慈面软，不忍心小黄龙受罪，亲手拔了钢钉，让小黄龙安睡。

谁知大事不好！这小黄龙正是燕王朱棣的原身。原来刘伯温知他暗怀坏心，是个奸雄，以后定要起兵兴乱，谋朝篡位，所以才用钢钉把它钉住，叫它难展身手。允炆皇帝一拔掉小黄龙的钢钉，燕王朱棣立刻能施展手脚了，果然起兵反到了南京城，要削去建文年号，自称永乐皇帝。京城外炮火连天，杀声震地，允炆眼看大势已去，性命难保，慌乱中想起了刘伯温留的锦囊盒。打开一看，小黄龙不见了，盒底有张纸条，写诗一首：

御花园里家具房，
打开烂柜换衣裳；
柜下有一灯草洞，
火烧灯草走他乡。

建文皇帝找着了烂柜子。柜里装着道袍、木鱼、布袜。他想了想，明白了刘伯温的意思。忙把龙袍御带包了，背在身上，又用火一燎，烧掉了一堆乱蓬蓬的灯草，从露出的洞里跑了。

建文皇帝到了郊外，像一只晕头鸭子，分不清东南西北，只是低头乱走。不觉走到大江边，一望都是无边无岸的江水，咋能过去？他正走投无路时，上游划来一叶小舟，船太公唱出一首歌儿：

不当财主不当官，
滔滔江水驾渔船。
接了天子过江去，
跟随军师进深山。

那太公上岸，趴下就磕头："不知天子驾到，有失远迎，罪该万死！"

建文皇帝吓得面如土色，出了一身冷汗。那太公说，他是刘伯温的家人，军师要他在这里接天子过河。建文长叹一声："海阔天空，举目无亲。过了江，又能到什么地方？"

“莫心焦！”太公说出了刘伯温对建文的指点：“一去参上，二去武当，三去太和，静坐庵堂。”

参上山、太和山都是武当山的别名。这样，建文皇帝就到武当山来了。他一个人走呀，走呀，不知走了多少日子，来到武当山下的一个荒坡梁上。眼看就要在深山密林里出家了，他咋舍得自己的江山呢？不由得一阵难过，坐在坡上大哭一场。他仔细想想刘伯温的指点，觉得确实再无别的路可走，便狠心烧了龙袍御带。从此，隐姓埋名，当了道士，与世隔绝了。

可这世上哪有不透风的墙？事情很快被永乐皇帝知道了。永乐怕建文东山再起，决心斩草除根，把他杀掉。但是，又怕别人说他篡位谋朝，杀君犯上，于是编空儿①说，建文皇帝有仙根仙眼，是十辈天子，八辈状元转世，所以他不愿再坐朝，一个人到武当山修行去了。为了成全侄儿，使他安心修道，终成正果，要大修武当山。实际上这是找个由头，明察暗访，大搜大捕，以除掉建文皇帝。他派工部侍郎郭斑、隆平侯张信、驸马都尉沐昕督工营建。三里一小庙，五里一大庙。所有的宫观、神殿、庵堂、寺院、亭台，尽都盖在悬崖峭壁上。明说是供建文敬神修仙用的，其实是对他设下的天罗地网，使他休想存身。

后人觉得懦弱无能的建文皇帝很可怜，便在他烧龙袍御带的地方盖了座大庙，还把这地方叫做“烧袍岭”。

① 编空儿：编谎话。

讲述者：王发举　男　73岁　丹江口市农民　不识字
采录者：李征康　男　文化站干部　高中
采录时间地点：1981年春采录于丹江口市武当山

附　记

朱洪武第四子燕王朱棣，谋朝篡位，于1402年攻破南京，建文帝于后宫自焚。但因骸骨模糊，便有人疑心建文出逃。野史更称建文扮和尚、道士在外。甚至传说：郑和下西洋与修建武当山，都是有意寻找建文。烧袍岭位于武当山下，庙宇宏伟，已废。

武当山金殿为啥搬不动

武当山的金殿，原本是一块块金砖码的，金殿上的瓦也是一块块金瓦盖上的。金殿盖起以后，看上去像龙鳞甲一样，闪闪发光。这些金砖、金瓦虽说伸手就能拿下来，可从来没人拿过。来这儿的人都是烧香许愿的，心诚得很，即使一根山草也不会摸。

真武大帝老家的人听说真武成了神仙，都想沾光，三五成群来到武当山，也不烧香，也不磕头，张嘴就要这要那。真武大帝念及乡情，都答应了他们。这倒好，他们连个香火钱也不花，就有吃有穿了。这些人有了吃穿，也不种地了，天天到金殿上游玩。来的次数一多，胆子也大了，临走的时候，不是抽一块金砖，就是揭一块金瓦。管金殿的道士出来说几句，他们就拿真武大帝的牌子吓人。道士晓得他们势力大，也不敢硬管。小小金殿哪经得住偷？没几天，金殿上就揭出了几个窟窿。

一天，太上老君出了天门，看见武当山金殿上的几个窟窿，很不高兴。他查出尽是真武老家的人偷的，便发起脾气，照着金殿又是打雷，又是打闪，整整闹了三天三夜，把金砖金瓦跟山顶上的石头全部炼到了一起。从那时候起，金殿才被保住，任凭千人砸，万人抠，再也弄不走半颗金米米儿。不过，墙和顶还是比原先薄了很多，那都是被真武老家的人偷走的。

讲述者：高邦富　男　60岁　襄阳县农民　私塾5年
采录者：黄　耕　男　干部　大专
　　　　张建勇　男　干部　高中
采录时间地点：1982年10月采录于襄阳县泥嘴镇街西村

附　记

武当山金殿：由铜铸造而成，内外上下不见任何缝隙和焊接的痕迹，堪称铸造工艺之谜，是我国的文物珍品。

复真观与元和观

武当山除了八宫以外，就算复真观和元和观最著名了，合称为“二观”。这两座大庙还有一个故事呢。

古时候武当山分东西两条神道。在西神道的崇山峻岭中，有一个很深很深的峡谷。谷底小河边，有一座堂堂皇皇的大庙，叫仁威观。不知什么缘故，观里道士都是花脸。因此，老百姓称当家的叫花脸道总。

花脸道总浑身武艺，但专爱调戏妇女。他在大庙里安上机关，有姿色的姑娘来敬香，机关一踏，就掉入暗室，被藏了起来。

那时，均州城南关街上，住着婆媳俩，靠绣香袋过日子。儿媳妇扎花的手艺，在全城数一数二。她能绣各色各样的香袋，香袋上又能绣各色各样的景致和历朝历代的人物。虽说是绣像，人物眼睛滴溜溜地传神，就跟能说会道的真人一样。人们都喜欢她，亲热地叫她“香子”。

武当山有端阳节戴香袋的风俗。老年人说，谁不戴香袋，这年办事就不吉利。每年过罢正月十五，请香子绣香袋的人就上门了。香子对人很礼貌，说话轻言细语，非常和气。她接活时，总先问明需要的花样，再按先来后到，一件件绣好。一交四月，生意更好了，请绣香袋的人成群结队，差点把门槛踢破。香子不好意思叫乡亲们失望，便日日夜夜赶绣。人们爱她，给她编了首歌：

丝丝花线牵银针，夜晚熬油到天明。
灯草点了几十两，桐油点过几十斤。
正月元宵绣香袋，五月端阳才绣成。
十指甘受千般苦，钢针打碎大半升。

四月过半，香子的婆母得了病，卧床不起。香子请大夫看了几次，也不见好转。婆婆说：“你到武当山许个愿，请真武大帝保佑我病好。”香子很孝敬婆母，立即放下绣花针上武当山了。谁知这一去，就如断了线的风筝，再也没有下落了。

端阳节这天，乡亲们都来取香袋，才知道香子失踪了。老婆母一把鼻涕一把泪，请求乡亲们替她找回媳妇。大家同情这婆媳俩，都愿意帮忙。南关街上有个老货郎，以往是专卖花线给香子的，他摇着货郎鼓，走遍武当山暗暗察访。

这天，货郎来到仁威观，在山门外高唱货名："木梳篦子大钢针，青蓝白布花手巾，绣花绷子五色线，桃红胭脂白宫粉……"几个小道士偷偷地从后门出来买脂粉。聪明的货郎看出了蹊跷：出家人为啥买妇女的东西呢？货郎回家跟乡亲们一说，大家气愤极了，连夜准备刀枪，喂饱马匹，向武当山走去。人们听说寻找香子，都来助战，一下子就是几千人。走到离仁威观五里高的山顶上，已是四更天气，为了不打草惊蛇，人们悄悄步行，把马都拴在树林里。从那以后，这地方就叫"系马峰"。

花脸道士们统统在睡梦中被捉，暗室中救出香子和许多女子。人们看透了这些吃斋念经的人，气愤极了，把花脸道士一个个活埋了，只把个脑壳留在土外，把他们活活折磨死。

活埋道士的人刚刚离开，花脸道总就在土里哈哈大笑起来，得意地说："罢了！罢了！"意思是他有一身武艺，可以马上飞走，再来报仇。

花脸道总的话被人们听到了，大家马上转回身顺着他"罢了"的话音，搬来好多铁耙，套上大黄牛，在道士们的头上耙来耙去，横竖乱磨。花脸道士再也不能害人了。为了不让贼窝窝存在，人们又一把火烧毁了仁威观。

打那以后，老百姓不再信神信鬼了。皇帝为了再树武当山的神威，就在东大路盖了复真观（也叫太子坡），是复兴道教的意思。所以，武当山有“毁掉仁威观，修盖太子坡”的俗语。道家在元和观又设置了监狱、刑具，作为惩罚坏道士的地方。二观和八宫就成了武当山上齐名的名胜。

讲述者：李万起　男　73岁　丹江口市　木匠　不识字
采录者：李征康　文化馆　干部　高中
采录时间地点：1979年采录于丹江口市武当山

附　记

据说，复真观是武当山道教的“审判厅”。道士犯道规后，都在此审理。元和观是武当山道教的监狱，观内有铁鞋、铁床，道士被施以焚刑时，先将铁床烧红，把赤裸人放在铁床上烫死。

永乐皇帝塑神像

武当山的八宫、二观、三十六庵堂、七十二岩庙，都供着真武大帝的塑像。他高个头，圆胖脸，披发赤足，活生生的。原来那是按永乐皇帝的模样塑的，被称为“真武神、永乐像”，这其中还有个传说。

明朝初期，燕王朱棣起兵夺了他侄儿子的皇位，成为永乐皇帝。皇亲贵戚心里不服，又不敢明着反对，便暗暗祈祷真武大帝，惩治永乐皇帝。

永乐皇帝听到风声，心里明白，只靠刀枪难服人心，便借梯子下楼。在武当山营建宫观庙宇，塑造真武神，拼命地捧他。心想：你们信神，我就造神，还来当神，让你们都跪在我的脚下，服服帖帖听我的。他找来了天下的能工巧匠，对他们说："真武是天神，长相英俊，你们一定塑得逼真才行！"

工匠们谁也没有见过神仙，塑成什么样呢？大伙儿想：不妨捏着鼻子哄眼睛。于是，都拿出最好的手艺，尽量把真武神塑成美男子。不料皇帝全看不上眼，说工匠们是故意糟蹋神仙，杀头的杀头，坐牢的坐牢，充军的充军，没有一个好下场。

高丽族有个姓姬的塑像师傅，艺高技绝，名声在外。皇帝听说了，便召他来武当山塑像。

姬师傅心里琢磨：皇帝杀了那么多工匠，一定是都不合他的心思。可皇帝到底是咋想的呢？看来只有多多动脑子，见风使舵才行。他进京去见皇帝，皇帝正在洗澡，叫他浴堂来见。

姬师傅跪在地下，不敢抬头，暗中注意着皇帝的一举一动。他对皇帝说："我没见过真武神，这像咋塑呢？实在难办啊！"

皇帝"咚咚"的跺着赤脚，骂道："笨蛋！你动脑筋好好想想嘛!”

姬师傅心里忽然一亮:“莫非想要我塑他这双赤脚?”又进一步试探说:“不知真武神应是啥身材、相貌?”

皇帝脸色温和多了,说:“你不也有眼睛吗?抬起头来!”

姬师傅心里明白了,放心大胆地看着眼前的皇帝:圆脸,高个,大鼻子,眼睛有点鼓。因为刚从浴池出来,披头散发,打着赤脚。看见姬师傅认真打量自己,皇帝故意装作满不在意的样子。姬师傅心里更明白了,就追问一句:“真武大帝的面像到底怎么塑呢?”

皇帝心里也有数了,不再回话,只是用手摸着脑袋瓜子打哈哈。姬师傅再也不犹豫了,转出身来,就按永乐皇帝当时的样子,铸造了一尊重达两万斤的鎏金铜像。

皇帝看了以后,连声夸奖神像塑得好。他还特意剪下自己的一撮胡子,安到了神像的下巴上。

从此以后,永乐皇帝既是人间的君王,又是天上的神仙,很多人就不敢再反对他了。

讲述者:陈化容　男　70岁　武当山道人　不识字
采录者:陶真典　干部　高中
采录时间地点:1979年夏采录于丹江口市武当山

神仙也贪财

袁案元[①]是朝廷的大官。一年，他去朝拜武当。上山的时候，一上一滑，总是上不去。祖师爷见了，变成一个

① 袁案元：传说人物。

小道士对他讲："袁大人，朝圣要不沾荤才行。你脚上的鞋子是牛皮做的，你上不去的。"袁案元是有学问的人，他接过来就反问："我这皮靴是牛皮做的，不能上山。你山顶上不在打鼓吗？你那鼓是什么皮做的？怎么能上了山？"他这一问，提醒了祖师爷，祖师爷施个法术，把大鼓推下山，说："你看，我的鼓滚下山了。"袁案元说："你看，我的鞋子也脱了。"他换一双布鞋，总算上了山。

一上山，看到高高一对金旗杆，他拍了拍，说："这旗杆未必是真金子，就算是，也未必不是空的！"他叫随从把东边的一根钻了个洞，一看，是实的。这时小道人又来了，说："大人，你把金旗杆钻了个洞，要复原呀！"袁案元带的金银珠宝无数，哪在乎这一点，就叫随从拿金子去补啊补啊，把带的金子都塞了进去，可还是那么大的洞。小道人在一旁笑笑说："不怕你是个案元，还是填不起我这个钻眼。"袁案元不服气，抬头一看，旗杆长了一大截！心里明白了，说："哪晓得神仙也贪财呀！这怕什么，你贪财我也贪，我回去后当三年赃官就有了。"

小道人心想：我跟他开个玩笑，他就要回去当赃官，那得害多少百姓？看来他的心不正。马上找到雷神，要在路上把袁案元打死。雷神领了旨，心想案元那么大个官，是在玉帝那里载了册的。没得真凭实据，马虎打死了，咋交差哩？得抓个把柄。

袁案元走到半路，肚子饿了，进一家饭馆吃饭，米饭里总有点儿谷呀！他一颗颗选出来放在桌子上。雷神眼睁睁地瞅着：你若把这几颗谷一扔，糟蹋了五谷六米，违犯天条，我就有理由劈你了！哪晓得袁案元吃完了饭，把那些谷一颗颗捡起来，跟嗑瓜子一样吃了。

袁案元又继续走。走得又热又渴，正好路边一个瓜园没人看，他叫随从拣大的摘了几个吃。雷神想，这回莫怪，你偷人家瓜吃，不怪我心狠。谁晓得袁大人估了估几个瓜的斤两，在每个瓜蒂绑上一点儿钱才走。雷神又不好下手。

又走了一截，袁大人钻到一块黄豆地里去解大手。解罢，浑身摸不到一张纸。雷神想，你定要用黄豆叶擦，扯了黄豆叶，糟蹋庄稼，也是罪，再不劈就没得机会了。没想到袁案元在旁边捡了一块马狼骨[1]擦屁股，硬是没用黄豆叶。雷神三次没能劈成，只好向祖师爷回了话。“雷不打无罪之人”，就是从这儿说起的。

袁案元亲眼看到神仙也贪财，就向皇上参了一本，把武当山的一对金旗杆撤了，换成了铁的。

讲述者：徐太华　男　58岁　随州市农民　初中
采录者：刘大业　干部　初中
采录时间地点：1988年采录于随州市均川镇光河村

① 马狼骨：卵石。

神农架的由来

上古时候，黎民百姓靠打猎过日子，天上的飞禽越打越少，地下的走兽越打越稀，又不会种庄稼，就只好饿肚子。加上生疮害病，无医无药，瘟疫横行。饿死的、病死的人数都数不清。

黎民百姓的疾苦，神农瞧在眼里，疼在心头。怎样才能使百姓有食物充饥？怎样才能给百姓治病？神农日夜想主意，终于想出了一个办法，自己亲自尝百草，找五谷。

一天，他带领一批臣民，从家乡厉山出发，向西北走，因为那里有高山，有森林，有药草。他们走啊走啊，不分日夜地整整走了七七四十九天，来到了一个地方。这里高山一座接一座，峡谷一条连一条，山上花草遍地，古树参天，云遮雾障。神农他们迷失了方向。这时，突然从峡谷里蹿出来一群狼虫虎豹。神农马上挥动神鞭，把野兽赶跑。那些虎豹蟒蛇身上都被神鞭抽出一条条、一块块的伤痕，后来就成为了兽皮上的斑纹。

大山半截插在云彩里头，四面是刀削的陡崖，难以攀登。远远地看到崖头上百花盛开，可是没有登天的梯子是上不去的。神农对着高崖，上望望，下看看，忽然他看见几只猴子顺着高悬的古藤和横倒在崖腰的朽木爬过去。神农灵机一动，说："有了！"他当下和臣民们一起砍树干，割藤条，绑横档，靠着山崖搭成架子。搭了一层又一层，从春搭到夏，从秋搭到冬。不管刮风下雨，还是飞雪结冰，从来没停工。整整搭了一年，搭了三百六十层，才搭到山顶，后来这个地方取名"上天梯"。

神农带着臣民，攀登木架，上到山顶。嚯！山上真是花草的世界，五颜六色，一簇一簇，每朵花都长得稀奇好看，这下神农可乐坏啦！亲自采摘花草，一样一样地放到嘴里品尝，酸甜苦辣咸什么味道都有。可哪样治哪种病？

他还得仔细揣摸呢。为了尝遍百草，把药草的性能识别出来，白天，他领着臣民到山上尝百草；晚上，就着火光在竹片上记药性。他尝药很仔细，叶子、杆子、花朵、根须、果实，有的好吃，可以充饥；有的又辣、又涩、又麻，可以治病。他被毒死过去好几次，都又活过来，才逐渐懂得了各种毒药的用法、解法。

走完一座山，又攀一座山，还是用葛藤、木杆搭架的办法攀呐、登啊，踏遍了这里的山岭沟岔，终于从杂草里尝出了稻、粱、粟、麦、豆五谷，教给百姓耕种；又尝出了三百六十五种草药，医治黎民的病痛。

神农在大山里辛苦了几十年，到处都留有神农搭的架子。传说后来他就住在山顶的木城里当了神仙。后人为了纪念神农的功德，就给这个地方取名“神农架”。

讲述者：方昌福　男　56岁　林区药农　识字
采录者：胡崇峻　干部　高中
　　　　欧阳学忠　干部　大专
采录时间地点：1964年采录于神农架林区宋洛乡

附　记

神农架林区位于湖北省西部川鄂边界，是大巴山的东段，最高峰海拔3100多米，素有“华中屋脊”之称。20世纪70年代划界建制，成立了神农架林区，为国家级自然保护区。传说炎帝神农曾在这里尝百草兴医药，为民造福。

张祖爷和九宫山

九宫山有座祖爷殿，是张道清[①]生前静心修仙的地方。他升天以后，肉身就供在大殿当中。他活在世上时，祖爷

① 张道清：湖北郢州（今安陆市）人。南宋淳熙十四年入山，创立御制派道教宗派，被后人尊为张祖爷。

殿上始终盖不住瓦；死了以后落得肉身不全。这里头有个缘故。

当年，张道清偷了师父的三件宝物，从江西跑到湖北。半路上撞见一个姓章的游方道人。章道人年长一辈，张道清就尊他为章师父。章道人喜张道清聪明乖巧，张道清爱章道人道艺成熟，两人一见面，十分投机。张道清有志另立门户，开坛传道。章道人也想创立新道场，广收道徒。两人越谈越高兴，不觉走进了通山地界。

先走到大城山。张道清见这里高山流水，清静幽雅，山顶一块平畈，四面石峰天然形成东南西北四座大门，真是块好地方，就说："这真是世上难谋[①]啊！"章道人用手中的竹杖往地下捣几捣，摇了摇头："这地方建道场不太好，是个只有万年水、没得万年柴的地方。"

两人又来到沉水山。张道清见这里山高林密，鸟语花香，忙问："这地方总可以吧？"章道人又举起竹手杖，往石头上敲几敲，还是摇头："这地方有碍道人修炼，是个只有万年柴、没得万年水的地方。"张道清怕章道人笑他无知，不敢追问究竟，只好陪着点头。

最后，两人又来到了横石潭。听当地人说，这一带有两座山最有名，一座是九宫山，一座是太平山[②]。两人约

---

① 谋：寻求。

② 太平山：在九宫山以东，原名丝罗山。南宋宁宗时，江西瑞昌道人章权荪入山创建道场。明成化时，受封"仁天教主太平护国天尊"，从此山名更为太平山。山上曾有三宫五殿一亭，今仍有残存遗址及南宋以来的珍贵石刻文物。

定：分头去探查，张道清到九宫山，章道人到太平山，五天后在太平山会面。章道人怕张道清看不准，分手以前，将自家的那根竹手杖交给了张道清，嘱咐说："要是看不准山上气相，你就将这根手杖插在地下。三日以后，它要是生了根，发了枝，长了叶，那就证明这座山的确不错。不然，就不行。"

张道清走到九宫山脚，在一个叫石垅观的地方，迎面碰到一个叫郑邪的猎人。郑邪慌慌张张地说："这九宫山，方圆几百里没有人烟。今日，我突然看见山顶上一口塘里有九条大水牛在洗澡。这是活鬼出现呢！"张道清心里清楚，郑邪有眼无珠，那不是九条水牛，是九条龙。九宫山是块宝地！

他一口气赶到山顶，把手杖往地下一插，竟成了一根活竹子。张道清高兴坏了，慌忙飞跑下山，要赶到太平山去给章师傅报喜。走到半路，心里变了卦："章师傅年纪比我大，道艺比我强，要是对他实话实说，这九宫山就成了他的了。"他便动了心思，在路旁找了一根竹子，做成一根跟原来一模一样的手杖，上了太平山。

章道人见张道清一副愁眉苦脸相，就劝张道清："我在横石潭，远远望见九宫山气脉不凡，存心想让你到那里自立门户，做一番事业。哪晓得我老眼昏花，让你白跑了一趟。今后你就住在太平山吧。这里是九龟寻母的风水，很不错的。"张道清连忙推辞："不，不，我哪能夺师傅的风水呢？俗话说，福人登福地。我没有那个造化，就在九宫山混一辈子，挨着师傅做个伴算了。”章道人觉得很对不住张道清，无意中捡起手杖，不由心里一怔：不是原物呀！顿时全明白了。只随口说了声：“我是真心对你，你千万莫要哄我呀！”张道清指天发誓：“我要是哄师傅，这一辈子活时不得安生，死后肉身不全。”

后来，张道清在九宫山做了开山祖爷，道场办得兴旺红火。不过，祖爷殿一盖好，一阵狂风刮来，屋顶上瓦片全部飞了。换成了铁瓦以后，太子军冲进祖爷殿，又掀了屋顶的铁瓦，拖出张道清的干尸，毁了肉身。大伙都说，这只怪张祖爷心术不正。

讲述者：李隆富　男　82岁　通山县九宫山道士（1956年还俗）识字

采录者：万立煌　刘会达　干部

采录时间地点：1982年4月采录于通山县界牌李家塆

附　记

历史上的章权荪与张道清是两个不同道教教派的创始人。据地方史志记载，张道清进入通山县在前，而章权荪在其后，他们实际上不存在所谓的师徒关系。关于张道清的传说很多，且多带贬义。

九宫山：位于湖北省东南部，归通山县所辖。相传，南陈晋安王兄弟九人曾建九座行宫于山，故名。今为著名旅游避暑胜地。

磨子山

从前，汉阳龙阳湖畔的磨子山下，有个孩子叫小白菜，三四岁就死了妈。他爹娶了一个后娘，不给他吃，不给他穿，三天一打，两天一骂。十二岁时，后娘找了个由头，把他一脚踢出了门。小白菜离开了家，渴了就捧一口龙阳湖的水解渴，饿了就扯几把磨子山的野菜充饥。

这一天，小白菜在磨子山下挑野菜，听见头顶上麻雀吱吱喳喳叫，原来是老麻雀在给小麻雀喂食呢。小白菜想起死去的亲妈，伤心地哭起来，一边哭，一边唱：

小白菜，叶儿黄，可怜三岁没了娘。
一心想跟爹爹过，来了后娘黑心肠。
一十二岁赶出门，小白菜啊泪汪汪。

哭着，唱着，忽然看见山脚下颤颤巍巍走来一个拄着拐杖的老奶奶。老奶奶慈眉善目，对他说："孩子，别伤心了，明天清早打雷下雨时，你爬上对面磨子山，山顶上有棵皂角树，树上缠着根丝瓜藤，藤上长着条长丝瓜。你摘下长丝瓜，围着磨子山转三圈，一边转，一边唱：

丝瓜长，磨子圆，
拖着丝瓜转圈圈，
磨子开半边。"

又嘱咐："到那时，你要什么就有什么了。不过千万记住：下山时，要把长丝瓜丢到皂角树上去。它是磨子的把，你丢上去它自己会还原的。"小白菜把老奶奶的话牢牢记在心里，正要道谢，老奶奶不见了。

第二天一清早，天阴了，大雨哗啦哗啦地下了起来，响雷轰隆轰隆地打了起来。小白菜想起老奶奶的话，朝着磨子山顶爬去。雨水把小白菜的身子淋湿了，雷声把小白菜的耳朵震聋了，小白菜什么都不管，爬呀，爬呀，终于爬到山顶，找到了皂角树，看到了丝瓜藤，摘下了长丝瓜。小白菜就拖着那条长丝瓜，围着磨子山转圈圈，边转边唱：

丝瓜长，磨子圆，
拖着丝瓜转圈圈，
磨子开半边。

刚刚转完第三圈，只听见“咣当”一声巨响，磨子山的磨盘错开了一道缝，从山缝里冒出一道道金光。小白菜朝里一看，天呀，金银财宝，要什么有什么。小白菜跳进去拿起一小块金子，又忙把长丝瓜朝皂角树一丢，跑下了山。刚跑到山脚，又听见“咣当”一声巨响，磨子山上下磨盘合拢了。小白菜把金子拿到集上换了钱，就在磨子山脚下盖起一座瓦房，开荒种地了。

过不久，小白菜的后娘听到风声，她虚情假意地来到小白菜家，转弯抹角地打听小白菜是怎么发财的。小白菜不会扯谎，把老奶奶的话一五一十地向后娘说一遍。后娘喜坏了，一溜烟地跑回家，搬个凳子坐在院里，仰着脸朝天，盼老天爷快下雨打雷。盼呀，盼呀，脖子仰扭了，眼睛望酸了，突然天阴了，大雨哗啦哗啦落下来，响雷轰隆轰隆打起来。后娘急忙提起个大面口袋，疯了似的往磨子山上爬。爬到磨子山顶，找到皂角树，看到丝瓜藤，摘下长丝瓜，围着磨子山转圈圈，边转边唱：

丝瓜长，磨子圆，
拖着丝瓜转圈圈，
磨子开半边。

刚刚转完第三圈，听见“咣当”一声巨响，磨子山的磨盘错开一道缝。贪心的后娘一下子跳进去，把金银财宝拼命朝口袋里抓，一边抓一边直后悔：怎么不多带几个大面口袋呢！忽然看见手边的长丝瓜，心想：有了，长丝瓜是磨子把，我带回去，明天赶辆大车来，再拿着丝瓜，叫开磨子山，把金银财宝统统装回家该多美啊！主意拿定，扛起口袋，提着长丝瓜就想往山下跑。这时，只听“咣当”一声巨响，上下磨盘合拢了，狠心又贪婪的后娘再也没有能出来。

磨子山呢？因为磨子的把把——长丝瓜被合进磨盘，再也没有人能打开它了。小白菜呢？他长大了，娶了媳妇，生了孩子，子子孙孙、世世代代就在这磨子山下生活着。据说，现在住在磨子山下的人家都是小白菜的后代呢！

讲述者：王　胡

采录者：徐家玲　陆　瓯

采录时间地点：本故事选自武汉市群艺馆1983年编印的《民间传说故事集》，讲述者和采录者情况不详。

鸳鸯峰

在利川市老屋基那里，有一对神像[①]人样子的石峰，遥遥相望，人们叫它们鸳鸯峰。

① 神像：十分像。

说起这名字的来历，还有个传说呢！

从前，老屋基这里有个姓覃的土司。他有个女儿叫覃兰芝，长得很俊俏，而且手很巧，会绣出美丽的花草。她家对门，住着个曾仙娃，家里穷得很，给大户人家放牛。他最爱吹笛子，一吹就围上来一堆人听，听得不愿走。

有一天，覃兰芝正在绣楼绣花，听到一阵笛子声传来，向窗外一看，见是曾仙娃盘腿坐在牛背上，吹着笛子从楼下走过。她见小伙子长得标致，笛子也吹得好，不觉就动了心。她想，要是能和他摆几句龙门阵，多好啊！

她想了个办法。第二天，等曾仙娃从楼下过的时候，故意把扇子甩了下去，说："放牛的哥哥，把我的扇子捡上来一下。"曾仙娃抬头一看，见是覃土司的小姐，忙跳下牛背，把扇子捡起来甩进了窗子，骑着牛走了。覃兰芝见他不上来，又想了个办法。第二天，曾仙娃又从楼下过，覃兰芝就把剪刀甩了下去，直喊："放牛的哥哥，请你把我的剪刀送上来吧！"曾仙娃抬起头笑了笑，捡起剪刀从窗口甩了进去，又骑着牛走了。覃兰芝见曾仙娃还是不上来，就又想了个法儿。第三天等曾仙娃走过楼下时，她把几根花线甩了下去，说："放牛的哥哥，请你把我的花线捡起送上来吧！"曾仙娃跳下牛背，捡起那几根花线就往楼上甩，花线轻飘飘的，哪能甩得上来。覃兰芝说："放牛的哥哥，甩不上来的，还是请你送上来吧！"曾仙娃没办法，只好拿着花线上了楼。覃兰芝和他说了一阵话，就从箱子里拿出一双布鞋，红着脸说："这双鞋你试一下，若是合脚，我俩就有姻缘。”曾仙娃心里咚咚跳，把鞋子接过来一试，刚刚合适。覃兰芝说：“这双鞋就送给你，我们算订了终身。”曾仙娃身上什么也没有，就把那根笛子递给覃兰芝，说：“我没有什么送你的，这根笛子你拿去吧。”

过了几天，这事被土司晓得了，把覃兰芝狠狠打了一顿。还说要把曾仙娃捉来下油锅。第二天，就有媒人来，说的是向老爷的儿子。土司一口就答应下来，还定了八月十五来接人。

覃兰芝晓得这事后，半夜里，悄悄跑到曾仙娃家。他俩正在商量怎么办，土司带着人打着灯笼、火把找来了。二人从后门跑上了山，土司的人也随着往山上追。前面是悬崖，再也没得地方跑，二人抱成一团，跳下了悬崖。俩人死后变成了两个石人，直竿竿地立在山上。人们把这对石人叫做“鸳鸯峰”。

讲述者：黄锡银　男　78岁　土家族　利川市农民　识字
采录者：黄汝家　干部　高中
采录时间地点：1980年4月采录于利川市都亭镇

狮子岩和舍身岩

松滋县刘家场附近有两座山，相隔只半里路，一座叫“狮子岩”，一座叫“舍身岩”。

传说很早以前，这里有一个嫌贫爱富的财主，他一心想给女儿找一个门当户对的女婿，偏偏姑娘看中了家里的一个小长工。

这小长工会“跳狮子”，尤其会跳的是“狮子爬台”。每逢有热闹的喜事，他常常被人请去跳狮子。

狮子怎样爬台呢？一三五七九，桌子登桌子，每隔两层一爬，每爬上一层就跳它一阵。小长工爬的层数高，玩的招式美，像活的。小姐自然看在眼里，越来越喜欢他了。

日子一长，两个人都有了意思。小姐叫小长工向他爹求婚。小长工晓得门户不对，哪敢开口，只好拖着。

老财主财大气粗，年年的正月十五元宵节，都要在门口玩狮子，又是搭台，又是围场，又是请客，总想出风头，炫耀自家的狮子比别家的跳得好。这年元宵节，又要玩狮子了，老财主要依靠小长工装门面，这几天说话比平时好听得多。小伙子见东家对他亲热起来，就壮起胆子，开口向他求婚。财主一听就变了脸，吹胡子瞪眼睛，指着小长工的鼻子说：“真是竹筒子枕脑壳——空想！”小长工受不了这当头一棒槌，回去就病了。

眼见元宵节就要到了，财主就跟管家商量玩狮子的事。这管家最会使阴坏，他说不如假装先答应这门婚事，这回非要小长工跳到三五一十五张桌子不可。财主叫人找来小长工，对他说：“你若有跳十五张桌子的本事，到了端午节就替你们完婚。”小长工当场答应下来。

元宵节那天，大坪周围的人里三层，外三层，铜锣皮鼓声一阵紧一阵，嚷的、喊的把天都震翻了。在大坪的正当中，只见小长工披挂整齐，一三五层不跳了，开跳就跳第七层。跳到十三层桌上，小长工累得汗水流，手脚也不太灵光了。一见小姐在下头看得眉开眼笑，他又来了劲，连那一套最绝的“喜逗绣球”也抖出来了。刚要翻上第十五层，管家就暗地使了个绊子，弄翻了最底下的那张桌子。只见小伙子一晃，从高处一头栽了下来，跌死在地上。小姐一看，就像疯了一样，扑到心上人身上，喉咙都哭哑了。哭了一阵，披头散发冲出来，一头撞在大坪对面的山岩上。后来，坪上拱起一座山来，山顶上出现一个石头狮子。人们说，这石头狮子是小长工变的，就把这座山取名叫“狮子岩”，把小姐撞死的那一座山叫做“舍身岩”。

讲述者：邓威阳　男　72岁　松滋县　农民　私塾2年
采录者：杨光明　工人　高中
采录时间地点：1983年5月采录于松滋县河田坪

木兰山的眼泪凼和脚板石

在木兰山玉皇阁和金顶中间，有一块大青石，大青石上有光光溜溜的两个小窝，这就是眼泪凼。东寨门下的一块青石上面，有双两尺长的脚印，这叫脚板石。

相传，木兰女扮男装从军时，常和先锋官武登一同征战沙场，情同兄弟。后来，木兰还了女儿身，两人订了终身。

奸臣诬陷武登叛国，要杀害他。木兰很是着急，去找祖师菩萨，说："明日午时三刻，武登就要问斩，请救救他！"祖师菩萨说："明日五更我把你装进袖筒，来个袖里行空，去京城搭救，来得及。"

第二天，祖师菩萨被别人拉去喝酒，醉了。等醒过来，日头偏西了，武登已被杀害。他怕木兰也落入虎口，赶回木兰山找木兰，见木兰独自坐在山上发呆。他又急又悔，双脚跺地，脚下的青石被跺出两个深深的脚印。

木兰看到祖师菩萨来了，叫了声"师父"，滴滴眼泪掉了下来，青石上砸出了两个圆圆的小凼。

讲述者：杜友源　男　32岁　黄陂县干部　初中
采录者：魏云乔　干部　高中
采录时间地点：1974年采录于黄陂县木兰山

附　记

木兰山：在武汉市黄陂县境内，过去有很多寺庙，香火不断。现为旅游胜地。该山的很多传说故事都与花木兰有关。

望夫石

阳新富河下游，有两块形状相同的石头，大家都叫它“望夫石”。

很久以前，富河岸边有一个秀才，叫赵忠，屋里的[1]

① 屋里的：指妻子。

叫金莲，两人十分恩爱。

这一年，赵忠进京应考，金莲送了一程又一程，舍不得分开。一直送到兴国州，赵忠劝金莲转回。金莲说："你早去早回，免得我在屋挂念。"

赵忠走后，金莲每日站在富河边，望着赵忠回来。整整望了三年，赵忠还是没回来。金莲等不得，就跳进了富河。

三年后，赵忠中了状元，回来接金莲。听说金莲跳了富河，很悲痛，就每日坐在富河边，一边哭，一边叫金莲的名字。哭了七七四十九日，河面上浮起了一块石头。赵忠喊一声：

"我的妻！"石头就应一声："我的郎！"赵忠便也跳进了富河，变成了一块石头。

水涨，两块石头也涨；水落，两块石头也落，从来淹不了，人们就称它"石浮"。后来，唐代诗人王建写下了一首《望夫石》：

望夫处，江悠悠，
化为石，不回头。
山头日日风复雨，
行人归来石应语。

讲述者：柯道皇　男　60岁　阳新县　工人　不识字
采录者：赵海林　干部　大专
采录时间地点：1982年春采录于阳新县兴国镇

和尚背尼姑

清江边有堵悬崖，上立两块石头，下面的像个和尚，上面的像个尼姑。远远望去，就像是和尚背着尼姑正往江里跳哩。

很久很久以前，有个后生叫山郎，有个姑娘叫水姑，两个人两小无猜，青梅竹马。这一天，山郎对爹妈说：“爹呀，妈呀，我跟水姑好了，请人提亲去吧！”爹妈说：“先请人讨水姑的八字，看合不合。”在水姑屋里，水姑也给爹妈说：“爹呀，妈呀，我跟山郎好了，他家要是来提亲，就答应吧！”水姑的爹妈说：“看看山郎的八字，要是相合就成这门亲事。”

山郎屋里请来的八字先生是阴阳怪气的张百说。张百说一餐酒肉下肚，说：“哎呀，一个水命，一个火命，水火不相容，这桩亲事千万成不得！”山郎爹妈听了，不请人提亲了。水姑屋里请来的八字先生也是张百说，他一餐鱼鸭吃饱，说：“一个水里带金，一个火里带木，金木相克，这桩亲事万万成不得！”水姑的爹妈听了，心里冷了。

山郎和水姑伤心得很，跑到山边，你望我，我望你，眼泪都哭干了。山郎说：“不准我和你成亲，我一辈子不娶媳妇！”水姑说：“不和你成亲，我一辈子不嫁人！”一年一年过去了，山郎的爹妈给山郎说媳妇，山郎谁家的姑娘也不要。爹妈气不过，把山郎送到西岩寺做了和尚。一年一年过去，水姑的爹妈给水姑说婆家，水姑哪家的儿郎也不嫁。爹妈好恼火，把水姑送进青云庵做了尼姑。

山郎做了和尚，水姑做了尼姑，两个人见面好难好难啦！山郎想水姑，想得身子也瘦了；水姑想山郎，想得容貌也丑了。山郎给水姑悄悄捎信，约她一同逃走。八月十五那天夜晚，山郎在山边等水姑，不晓得哪里走漏了风声，山郎屋里的人撵来了，水姑屋里的人也撵来了。山郎拉着水姑，跑过了五架坡，水姑的鞋掉了；蹚过三条溪，水姑的脚扎破了。山郎把水姑背起来，还是跑。跑哇跑哇，跑到清江边上来了。眼看就要被人追上了，山郎对水姑说：“水姑，我俩活着做不成夫妻，就跳江吧！”水姑说：“山郎，好，我们跳江到阴间成亲吧！”话音刚落，他们两个变成了石头。

这两块石头，就留在了清江边上，人们都叫它“和尚背尼姑”。

讲述者：杨云山　男　75 岁　土家族　恩施市　农民　不识字
采录者：贺孝贵　干部　高中
采录时间地点：1985 年 5 月采录于恩施市红庙区旗峰乡

石门

相传很久以前，凤凰山下有个老人，在山上开荒种田度日。

一天，老人上后山捡粪。走到半山腰，看到石壁中间一扇四棱四正的石门①，听得里面人喊马叫。老人感到奇怪，里头是啥家伙？进去看看！

黑咕隆咚地啥也看不见。老汉放下粪筐，拄着扁担，摸摸探探地往前走。探着探着，看见前头一道亮光，越往前走越亮。走到了，老天爷，咋是一个热闹集镇！街上的人骑的是高头大马，穿的是花花绿绿。街心两旁，粮行、栈房、货铺，一家挨一家。老汉心想，我活了大半辈子，咋从来没听说过这个集镇！

走啊走，走饿啦。他想，先找个活儿干干，混碗饭吃，就朝一个小院儿走去。进了大门，见一个老婆婆在做针线。老汉上前施了一礼："老人家，我帮您做点活，您给碗吃的行吗？"老奶奶一抬头："好说，好说！那儿是间客屋，你先住下再说。"老汉给人家做活，人家也没把他当外人，一起做活，一桌吃饭。

一住就住忘啦。一天，老汉突然想起来，我田里还等着上粪，咋到这儿给人家帮工呢？他跟老奶奶说要走，老奶奶拎出半袋子蚕豆："你在这儿累了这些日子，我也没得啥好东西给，这儿颗蚕豆，算是个意思。"

做了个把月的活，才给半袋蚕豆！老汉嘴上没说，心里却想，这点儿豆子拿回去，别人要问，说出来丢人，还不如不要！想到这儿，他捏着布袋角一提，把蚕豆倒了。布袋拿回去还能装点啥，没舍得甩。

出了洞，身上拍拍，腰带紧紧，布袋翻过来抖抖掸

① 石门：地名，湖北省南漳县城以北约15公里处。

掸。这一抖一掸呀，从布袋角里掉下来一颗亮闪闪的金豆子！老汉捡起金豆子，回头想想：坏了，刚才倒的那半袋子都是金豆子！这一颗只是我捏着布袋角没掉下去的呀！刚想转身再进去，那扇石门“砰”的一声关住了。

打那时起，石门再也没开过。只说世上有钥匙能开这扇门，谁晓得钥匙在哪儿呢！

讲述者：赵子斌　男　60岁　南漳县　民间艺人　初中
采录者：郑福生　农民　初中
采录时间地点：1985年秋采录于南漳县龙门镇石门集村

石门开

在鄂州城西山的山尖子后面，有一扇大石门，人们都叫它石门开。石门开前面有一块大石头，就像一只大青蛙在盯着石门开。

传说，这石门里面尽是金杯牙筷、珍珠玛瑙，哪个人要是有开门的钥匙和咒语，就能够发大财。有一回，外地来了一个盗宝的家伙，他打听到这里面有宝，也晓得开门的咒语，就走街串巷找钥匙。七找八找，找到一家槽坊，盯着地上的碾槽不车眼①。槽坊老板觉得奇怪，就问："你有何贵干？"

那家伙说："把这个碾槽卖给我吧！"

老板说："这是我碾米做酒赚钱吃饭的东西，哪能卖呢？"

"你要几多钱，我给几多钱，不会让你吃亏的。"

老板心想：未必我这碾槽是件宝贝——要几多钱给几多钱？就说："莫忙，莫忙。你坐下吃点饭、喝点水再说。"他把顶酽的酒拿出来，摆酒设宴，劝那家伙喝酒。七劝八劝，把那家伙灌醉了，七问八问，把真话套出来了。咒语也得了，钥匙也有了，老板就丢下那个盗宝的家伙，驮起碾槽，一口气跑到了石门。他抱着碾槽"咚咚咚"撞了三下石门，把咒语一念："石门开、石门开，黄坛老祖赶地来。"哈！石门真的开了。进去一看，珍珠玛瑙、金杯牙筷，到处都是。老板喜坏了，装啊，装啊，袋子都装满了。走吧，他又舍不得；不走，又再没得东西装这些宝贝。他走也不是，不走也不是，在洞里转来转去，转了两三个时辰。突然洞里头跳出来一只老虎，一吼，老板吓得掉头就跑，袋子也丢了，钥匙也顾不得了。跑到洞口，回头一看，石门"砰"的一声又关了。从洞里追出来

① 不车眼：目不转睛。

的不是老虎，而是一只大青蛙。

以后，石门再也没人打开过，只有这只大青蛙守在洞口。

讲述者：荣　广　男　79岁　西山庙主持　私塾3年
采录者：范　炜　徐长生　干部　中专
采录时间地点：1981年4月采录于鄂州市西山庙

附　记

又有传说，石门开里面有两仓谷：一仓白谷，一仓渥谷（受潮、沤过的谷）。石门如果被打开，只这两仓谷子，鄂州人就吃也吃不完。

大泉洞的传说

古时候，崇阳百日大旱，泉涸河干，人畜快要渴死了。

这时候，从外地来了三个老师（法师），是同胞三兄弟，身材相貌一模一样，都是身穿毛蓝布短衫，脚蹬破旧草鞋，只是分别长的是白胡子、花胡子和黑胡子。他们坐在山坡上，一边休息一边向附近的人们亲亲热热地打招呼。人们见他们对人和气可亲，都围过去，尊称他们为大老师、二老师、三老师，求他们设法子解除天灾。

大老师抬头望天上，日头像一盆火，烤煞人。他一伸手，从天边抓来一朵白云，放在当空的头顶上，成了一把大伞。

二老师看山上，茅草枯焦枯焦，纹丝不动。他侧身朝向西北，吹了口气，立即刮起了凉飕飕的东南风。

三老师打量人们的脸色，面黄肌瘦，嘴唇全干裂了，血淋淋的。他俯身朝山腰猛击一拳，那里便现出了一个大洞，泉水哗哗直流，大伙就叫它大泉洞。

人们一齐跪下，说："永世不忘活神仙救命之恩！"

三位老师说："这山肚子里藏着两条凶龙，把天上地下的水全吸了进去，汇成龙潭，游玩取乐。这风、云、水都是向它们暂时借了来用的。等一时二刻，我们一走，就都没了。你们还是快出外逃难去吧。"

人们都跪着不起来，苦苦哀求，求三位老师救人救到底。

三位老师非常为难："凶龙肯借出这点风、云、水，是为了不和我们闹翻。要是再逼一步，就会大动干戈，难料哪个死哪个活呀！"

人们不忍心让三位老师冒性命危险，立刻改口，让他们赶快离开这里。三位老师望着遭难的百姓，心如刀绞。

他们商量了一下，把心一横，说："我们这就进洞去战凶龙。你们要在外边敲锣打鼓助威，千万莫停下来。"他们立刻脱下毛蓝布短衫，放在干茅草上，又脱掉破草鞋，扔在洞口旁，径直去了。

猛然，洞里的泉水猛涨起来，波涛滚滚，轰轰隆隆震天响，原来是凶龙朝外喷水哩。三位老师被大水卷出洞来，眼看就要跌入万丈深涧。这时候，人们拼命敲锣打鼓，惊天动地，吓坏了凶龙，它退进洞去，水又变小了。三位老师站住了脚，转身二次进洞。

洞里黑咕隆咚，阴风嗖嗖。三弟兄一心要为民除害，磕磕绊绊往前摸去。到了一个拐弯处，忽听一阵风响，躲在隐蔽处的两条凶龙同时从两侧扑了过来，四只眼睛像四盏灯笼，照得一片通明，连它们的利爪，獠牙都看得清清楚楚。老大、老二走在前边，先看见它们，飞身闪在了旁边。老三慢了一步，被按倒在地下。幸亏洞外的锣鼓紧，凶龙心神不定，老大和老二乘机飞身跃起，各跨一条龙的身上，紧紧抓住龙角，一顿猛捶狠打，直打得它们遍体鳞伤，鲜血淋漓，不由得放开了老三。

人们听着洞里平静下来，又见顺水流出了龙鳞龙须，以为凶龙已被降服，锣就敲得不紧了，鼓也打得不急了。凶龙趁机缓过一口气来，摇头、摆尾、猛翻身，"扑通"一声把老大、老二甩到了地上，转身躲进龙宫，不出来了。

三位老师想着害不除，以后还会害人，很不甘心，便又杀向了龙宫。

凶龙眼看要家破人亡，就拼命抵挡，它们跳上跳下，左冲右闯。从中午到黄昏，杀得山摇地动，日昏月暗。这时，洞口外的草鞋直跳，短衫盖着的茅草也在乱叫。一时间，人们全看呆了，忘记敲锣打鼓，结果三位老师被凶龙杀害了。

凶龙吓破了胆，从此藏进了深处的龙潭，再也不敢出来害人了。后来洞里流出一根紫檀木，在岸边回旋打转。周围鸡叫狗咬，非常不安。人们都晓得那是三位老师变的，锯下一截，雕成了大老师的神像。剩下的紫檀木流到了盘山，又是在岸边打转，人们又锯下一截，雕成了二老师的神像。最后的一截流到了高台，还是在岸边打转，人们把它雕成了三老师的神像。

现在，这三尊木神像已经不在了，在洞里却可以看到他们的石像。人们说，那是他们不放心凶龙，又回到洞里把守去了。

讲述者：廖树礼　男　57岁　崇阳县农民　初小
采录者：韩致中　干部　大学
采录时间地点：1984年6月采录于崇阳县铜钟乡大泉村

周石万洞和狮子洞

传说在很早以前，石鼓冲有一个山洞，洞主姓周。周洞主有十个儿子和一个女儿。女儿大了，求婚的人很多，但周洞主一个也没答应。

一天，又来了一个后生求婚。周洞主考问他一些农活，那后生对答如流。周洞主叫他按自己洞的样子再建一洞，不到三天，这后生就建好了，比周家的洞还好些。周洞主很满意，就把女儿许给了他。

转眼过了三年，周洞主的第四个儿子与人相争，两家打起来了，周洞主也被人打死。这后生前去为岳父报仇，一口气打死了仇家二十多人。

这时，上天文殊广法天尊路过这里，见一后生接连杀人，又见他身有妖气，晓得他是精灵变化的。文殊用手一指，那后生现了原形，原来是一只九头黄狮！文殊把它带回天庭，收为坐骑。周洞主家财十万，他建的那个洞，后人叫它周石（十）万洞，九头黄狮后建的那个洞，后人就叫它狮子洞。

到了明朝，来了一个外地先生，他专门打听周石万洞和狮子洞的故事，还在洞里住了七天。后来出了一本《西游记》的书，人们才晓得那个外地先生叫吴承恩，书里“黄毛狮子怪”和“九曲盘桓洞”，写的就是狮子洞和周石万洞的故事。

讲述者：裴冬春　男　74岁　蕲春县　农民　私塾
采录者：胡　璆　农民　初中
采录时间地点：1978年冬采录于蕲春县刘河镇

附　记

据考，吴承恩曾在蕲州荆王府任过纪善（文书）。当地传说，《西游记》第88回至第90回，就是以蕲州流传的故事为背景写的。

浮缨河

随县城西门外，㵐水和溠水汇合的地方，人称“浮缨①河”。为什么叫这个名字呢？这里面还有个故事哩。

---

① 缨：古代用于系冠的丝带。对缨的颜色有定制，天子用红色，诸侯用青色，大夫和士用缁色。该文说将士的缨是红色，当属错传。

楚庄王平了谋反的斗越椒，大摆筵席，犒赏三军。这次庆功宴，专门选在“白天能看千人摆手，夜晚能观万盏明灯”① 的两河咀。

酒席宴前，楚庄王先向养由基贺功，养由基有百步穿杨的本领。将领们个个举杯畅饮，不知不觉都有些醉意。楚庄王一时高兴，叫随身的爱妃出来敬酒。这位爱妃名叫许姬，天姿国色，也有一身好武艺。她端着满满一杯酒来到养由基身边。养由基有一个副将叫唐绞，跟在养由基身边。他也喝得晕晕乎乎地，见许姬来到身边，悄悄往她腰里捏了一把，把许姬惹恼了。许姬悄悄掏出袖剑，一出手，唐绞帽顶上的红缨掉在地上。许姬捡起红缨，回席上跟庄王一五一十地说了。庄王手拿红缨，看了看唐绞，在心里划算怎么处置这件事。

唐绞心想：这回是必死无疑了，吓得脸上煞白，全身发抖。楚庄王也在观看他的动静，心想：唐绞若不是多喝点酒，谅他也不敢这么胡来，这是九（酒）老爷当家——管不住自己了啊！现在国家用人在急，要以国事为重，得顺个梯子，让人下台。楚庄王跟没事儿一样，说：“几杯下肚，各位热了吧？还把帽子戴在头上搞么事？丢到河里去吧！”

大臣们听这么一说，全都把帽子取下来，丢进大河。

---

① “白天……明灯”：以前随州城水西门外，是㴲水河。河上有一座木桥，四条大路的行人汇聚至此过河，桥上熙熙攘攘，故有“可看千人摆手”之景。每逢春末夏初，河水解冻，两河咀水面宽敞，上下各船都停泊在此。一到夜晚，灯光与繁星互相辉映，故有“能观万盏明灯”之状。

在场的都没帽子了，也就显不出唐绞了。

两位将军明白了庄王的用意，感激得要命，一心要跟庄王干一辈子。

千万顶官帽撂到河里，河面上一层帽缨，顺水而下。从此，这条河就得了“浮缨河”的名字。

讲述者：田启儒　男　66岁　随州市干部　小学

采录者：包毅国　干部　大专

采录时间地点：1982年采录于随州市西城

梁子湖

相传很久以前，梁子湖是一块陆地，叫做高唐县。县城繁华热闹，百姓生活安乐。

有一年，来了一个县官，名叫何海仁。他一上任就不做好事，天天泡在酒缸里，见到美貌女子就往县衙门拖，见到黄金白银就往腰包里塞，闹得鸡犬不宁。百姓给他取了个外号，叫“活害人”。

一天中午时分，大街上突然来了个疯疯癫癫的老道人，手里拿一把破伞，口里高叫：“换伞哪，破伞换好伞！”人们只当他是疯子，谁也不理他。后来，道人看见姓樊的母子两个站在门口，赶忙上前作揖，讲道：“天马上要下大雨了，贫道的伞遮不住雨，挡不住风，求你家广结善缘，换把好伞我赶路。”姓樊的妇人叫儿子将家里的一把好伞换给了他。道人谢过以后，对妇人小声说道：“几天以后，高唐县要沉入湖底，你家叫儿子每天去望望县衙门口的石狮子，要是石狮口里流鲜血，你家母子就朝高山上跑，不然就会淹死的。”

妇人还想问个清楚明白，老道一下就不见了。妇人想，这老道必定是异人，他的话虽不可全信，也不可不信。

第二天，妇人叫儿子去看石狮子。儿子回来说：没见口中流血。第三天，儿子又去看了，正看得入神，来了个屠户，他奇怪地问：“昨天你在这里看狮子，今天又来这里看狮子，莫不是有啥名堂?”他老老实实回答：“我娘听人说，石狮子口里流鲜血，高唐县就要沉。叫我天天来看是不是真的。”屠户哈哈大笑：“哪有石头狮子口里会流血的呢?”说完就走了。

屠户是个哈里哈气、爱开玩笑的人，当夜杀完猪后，把一碗猪血泼在石狮口里就溜了。天刚麻麻亮，樊伢子看见石狮口里真的有血，赶快回家告诉娘。娘说：“快去告诉左邻右舍，往山上跑！”母子二人，家家送信，等百姓都跑光了，娘儿俩才朝山上奔。跑过县衙门口，看见里面灯火辉煌，“活害人”还在饮酒作乐。娘说：“儿啊，行个善，喊他们一声吧！”儿子说：“‘活害人’害了多少人，莫管他们！”话刚一落音，一时天崩地裂，几丈高的水头翻滚过来，衙门转眼就不见了。儿子忙把娘背在身上。四处无路，突然看见很大一片荷叶，浮在水上，娘儿俩赶紧爬了上去。这荷叶便将母子二人托住了。水涨荷叶高，叶不动茎不摇，稳稳当当。这时，“活害人”正在水里挣扎，大喊救命。儿子说：“你残害了多少百姓，今天让龙王收你吧！”恰好一个浪头打过去，把“活害人”卷下水底喂了鱼。

从此高唐县就变成了百万亩的大湖泊，樊家母子坐的那片大荷叶，变成了一个洲子，这就是传说的“沉了高唐县，浮起荷叶洲”。人们为了感谢这娘儿俩的报信之恩，就将大湖取名为“娘子湖”，后来叫着叫着就叫成了梁子湖。年深月久，荷叶洲上住的人家越来越多，逐渐形成了今天的梁子镇。

讲述者：曹树仁　男　57岁　武昌县渔民　不识字
采录者：詹天金　干部　小学
　　　　王尤胜　教师　高中
采录时间地点：1985年12月采录于武汉市武昌县龙泉乡

附　记

鄂州有近似的传说，不同处是道士化缘，一寡妇让他吃了一顿饱饭，还给了他一升米。道士告诉她，高唐县要下沉，同时嘱咐“见人莫救。”寡妇母子在涨水的时候，上了木排。漂流中，不仅救起一个小孩，还救了一只猴子、一窝喜鹊、一条蟒蛇和一只碗大的蜘蛛。后来他们落脚在一个孤洲上生活下来。

鳊鱼潭和牛山

高唐县沉下湖底，樊姓娘儿俩坐在荷叶上，四周一片汪洋，无处逃身，怎么办呢？娘问儿子，儿子问娘，正在着急的时候，“哗啦”一声，水里钻出一条大水牛，说：“我驮您娘儿俩上岸吧！”落难的母子俩又惊又喜，骑上了牛背。水牛背着他们在水里划，半夜三更，漆黑一片，划着划着打不住方向了。儿子突然喊了一声："看，月亮!"水牛抬头一看，前面一个小山在闪闪发光，照得通亮，就是现在的月山。是小孩子看花了眼，误当成了月亮。水牛大喜，背着这母子朝那发光的地方划去。快划到了，忽然"咕咚"一声，娘儿俩从牛背上跌了下来。水牛心里明白，这母子准是饿昏了。抬头一望，前面不远就是"下至海"。这下至海，古来就有歌："下至海，下至海，上通江，下通海，一块石板水中盖。"石板上有一条缝，下面多的是鱼。大水牛把母子俩背到这里，大喊一声："鱼来!"只见那鱼儿拼命从石缝里往外钻，一条接着一条，把身子都挤扁了，成了鳊鱼。后人就给这里取个名字叫"鳊鱼潭"。

娘儿俩吃了肉嫩味鲜的鳊鱼，恢复了元气，就骑着水牛上了岸。乡亲们见报信的母子俩平安无事地回来了，都很高兴。樊家母子就把下至海有鳊鱼的消息告诉了乡亲。水牛又背着饥饿的百姓到下至海吃鱼，背了一趟又一趟，硬是累死了。牛身横卧在下至海附近的湖水里，化成了现在有名的"牛山"。有歌谣唱道：

沉了高唐县，出了荷叶洲。

落了个月亮山，得了个大水牛。

讲述者：曹树仁　男　57岁　武昌县　渔民　不识字

采录者：詹天金　干部　小学

采录时间地点：1985年12月采录于武昌县龙泉乡

黄泥塘

恩施芭蕉区有个侗族乡，名儿叫做黄泥塘。

从前，这里有一户人家，伯老[①]姓姚，养了五个儿子，

---

① 伯老：侗家人对父亲的称谓。

个个精壮莽力。老幺，人唤幺哥，更是个好把式。有一年秋天，坡上的包谷只等搬到屋，田里的谷子只等挑进仓。这天，五弟兄都到地里收粮食去了，伯老背一大钵酸渣肉①，给儿子们送饭。到了地里，喊这个喊那个，都不肯先来吃，说是要抢火色②。老二背一回包谷下山，看到饭食，端碗就吃。揭开钵盖，酸渣肉的香气飘出老远。一只老虎闻到香味，蹿出老林子，一口将老二叼起，跑进山去了。

伯老和四兄弟赶过来，只看到一摊血。一家人捶胸顿足，伤心痛哭。四兄弟都拿起弓箭，要上山打老虎。伯老不肯，怕老虎打不着反伤了儿子。幺哥说："不能便宜了那畜生，我去打老虎！"伯老和三弟兄见幺哥劝不转，只好依了他。

幺哥上了老山，钻进老林子，到处寻老虎。走过好多条沟坎，翻过无数个山梁，连老虎的影子也没看到。幺哥又急又饿，靠在一棵大树上歇气。突然，幺哥看到一个白胡子老汉，笑眯眯地站到面前说："后生，持弓搭箭的要做啥呀？"幺哥说："老虎吃了我二哥，我要杀老虎！"白胡子老汉说："那畜生不听话，害了你二哥的性命。我让那畜生替你滚几丘田，今生不再伤人，行吗？"幺哥说："只要老虎不再伤人，行！"白胡子老汉把一件亮闪闪的东西递到幺哥手里，说："这里一把虎伞，是我驯虎用的。

---

① 酸渣肉：肉与酸辣子掺包谷粉或米粉制成的食品。
② 火色：此处指季节。

只要老虎张嘴，你就把伞喂到他嘴里，它就不会伤人了！”幺哥点点头，接过虎伞。白胡子老汉又说：“这把伞，天将黑放在山洞里，帮你们侗家镇山。”老汉说完，就不见了。

正在这时候，老虎又下了山。幺哥看到，连忙把伞一撑，说：“孽畜，去把山下的坑坑凼凼滚出干田来！”老虎像只绵羊，听话地向山坡滚去，一滚一坝田，一滚一坝田。幺哥只看老虎滚田，忘记了天黑，陡然想起来，就急急忙忙地喊：“老虎，滚不得了！”老虎吓得一跳，一个趴扑，滚出一个大深坑。幺哥连忙去送伞，找不到山洞，只好把伞放到山顶上。

老虎滚出来的那个大深坑，就是黄泥塘。黄泥塘一旁的那座山，就是那把虎伞变的。

讲述者：姚祖贵　男　65岁　侗族　恩施市退休工人　不识字
采录者：姚来志　工人　高中
采录时间地点：1986年8月采录于恩施市芭蕉区黄泥塘侗族乡

化米淌

马良镇东南方有个大水潭，名叫化米淌，传说它曾冒出过大米。

很久以前，马良山脚下住着一户穷苦人家，只有父女二人。老父辛辛苦苦做了一生，临死只留给女儿一碗米汤。

女儿安葬好父亲后，端起那碗米汤刚要喝，突然门外走进一个老太婆。她破衣烂衫，拄着根竹棍，伸手来讨吃的。这姑娘的家里哪儿还有吃的呢？她就把那碗米汤递给了老婆婆。

老太婆一口气将米汤全喝光了，然后用手指在地上钻了个眼。说也奇怪，眼里竟冒出了白花花的大米。老太婆说："姑娘，你每天要米的时候，就用手指把米眼钻一下，说声'米呀米呀快快淌，化出一碗度时光。'大米就会装满你的碗。你可千万不要告诉别人。"老太婆说完，转眼不见了。

姑娘饿得肚子咕咕叫，她半信半疑，用手指往米眼里一钻，口里念道："米呀米呀快快淌，化出一碗度时光。"刚一念完，米眼就冒出米来，不多不少，刚好一碗。姑娘从此再不愁饿肚子了。

第二年，老天滴雨未下，田野禾苗都干死了，颗粒无收。穷人卖儿卖女，十分凄惨。姑娘不忍看着乡亲们饿死，不能见死不救，就用手往米眼里一钻，说："米呀米呀快快淌，化出一担度灾荒。"说完，大米哗哗流出来，装了满满两箩筐。姑娘把米分给了乡亲们，乡亲们感激她，都叫她米妹。

米眼冒米的事传到了财主的耳朵里。他派狗腿子暗地里盯着米妹，发现了米眼的位置，偷听到了口诀。这天，他抓走了米妹，还把米眼挖得又大又深，然后站在坑边说："米呀米呀快快淌，淌成一座大山冈。"坑里涌出一股泉水，不一会儿，就将财主和一帮狗腿子淹死了。

后来，这里就有了一个泉水潭。这口深潭的水永不干枯，百姓们用这里的水浇灌庄稼，年年都获得好收成。人们不忘米妹，就将这口深潭取名为化米淌。

讲述者：张玉书　男　70岁　荆门市　农民　不识字
采录者：袁大祥　教师　大专
采录时间地点：1987年采录于荆门市马良镇

望儿滩与护子潭

从前，汉川县有个叫张怀民的县令，为官清正，就是办事有点迂腐。

一天，张县令外出私访，经过洞汉村，忽然听见有个妇女在高喊："儿打娘啊！"他一听心里好火："儿打娘大逆不道，这还了得！”马上命衙役把民妇母子带回县衙。

一回县衙，县令就升堂审问民妇：“下跪何人？”

“民妇刘氏。”

“你儿子姓甚名谁？”

“姓杨叫天根。”

“刚才本官亲耳听见你喊‘儿打娘’，可有这事？”

“那是我逗小儿玩，失口喊出来的。”

“你还狡辩？儿子打娘，忤逆不孝，按王法要处剐刑！”

刘氏急忙辩解：“我儿只有三岁，不懂啥事，实在冤枉啊！”

张县令叫衙役端来饭和屎，对刘氏说：“要是逆子吃屎不吃饭，本官恕他无罪；要是逆子吃饭不吃屎，定要重判！”

这三岁的小伢饿了半天，自然是吃饭不吃屎。县令一看，提笔就判了天根“剐刑”，还把案卷呈报了刑部。

张县令的夫人晓得错判了案子，劝他改判也难，便想了个巧妙的办法。

这天，县令正在书房看书，门外有人高喊：“儿，打娘啊！”老爷心里便恼：刚刚判了一个“儿打娘”的案子，咋又出了一个“儿打娘”的事？出门查看，原来是自己三岁的儿子正用小手打他娘的脸。夫人见老爷出来，忙喊：“老爷你看，儿在打娘，你得判他个‘剐刑’！”

张县令说：“孩童无知，那是打着玩的，夫人怎么当真?”夫人乘机反问：“那对三岁的杨子，老爷为什么当真呢?”

“多亏夫人提醒，这个案子是得重新判。”哪晓得就在这时，刑部的批文下来，上面写着“维持原判，立即问剐。”张县令急得直抓脑壳，不晓得怎么样办才好。还是夫人机敏，提出用“羊子”代替“杨子”，来一个欺上瞒下。

第二天午时三刻，张县令命人把一只剐了皮的羊子丢进洞汊村前的小湖，湖水马上被血染红。他还吩咐衙役守在湖边，不准人们收“尸”，等到晚上又偷偷捞起死羊埋了。刘氏不晓得底细，跑到湖边搭起个草棚，坐在里面哭喊天根。张县令的夫人一边暗中向刘氏通气，一边派人把天根送到外地寄养。

天根长到五岁，张县令便请名师教他读书。十年寒窗，一举成名，后来天根考中进士，衣锦还乡，母子两人这才相会。

后来，人们就把剐羊子的小湖叫“剐子湖”，把刘氏搭棚的地方叫“望儿滩”，把天根躲藏过的地方，叫“护子潭”。

讲述者：汪为新　男　51岁　汉川县干部　初中
采录者：汪新忠　干部　高中
采录时间地点：1980年春采录于汉川县汈汊湖渔场

汤　池

相传，古时候，应城西边有口长满荷花的大湖，叫荷花湖。湖中有口深潭，水格外清亮，因为天宫的玉女常到里面洗澡，人们就把它叫玉女潭。荷花湖北有座天灵山，山上无底洞里有对蟒蛇，经过千年修炼成了火龙。有一年，火龙听说玉女爱到荷花湖洗澡，就想去沾点儿仙气，好得道成仙。从此，它们时常下湖打闹逗乐，兴风作浪，搅得湖水陡涨陡跌，湖里不是鱼死就是船翻，湖四周不是受淹就是受干。当地百姓深受祸害，没有不痛恨它们的。

一天，有个叫鲁正的武士路过荷花湖，听说妖龙作恶，决心为民除害，当即身穿铠甲，手提宝剑，上了天灵山。一到无底洞外，就见洞里红通通一片火光。正要进洞，一股腥臭的热气冲出洞来，随后“呼”的蹿出了一条火龙。他还来不及下手，这条火龙就蹿下山去了。他赶紧做好准备，等候第二条火龙出洞。这时，又一股热气冲出洞来，第二条火龙随后把头伸出了洞口。鲁正当即拼出全身力气，对着龙头猛刺了一剑。火龙被剑刺伤，疼得浑身直扭。看到鲁正，便口吐烈火，张牙舞爪地直扑过来。鲁正把身子一蹲，火龙扑了个空，“叭”的一声摔到了洞外岩边。鲁正迅速赶去，对着龙肚子再猛刺几剑，这条火龙挣扎了一会儿后，尾巴一伸就死了。

鲁正带着满身烧伤，下山去杀另一条火龙，刚到湖边就晕倒在地。湖里的那条火龙见了，也口喷烈火，张牙舞爪扑向鲁正。正在这时，玉女从天上飞来，将手里的拂尘一挥，大喝一声：“孽障休想逞凶！”火龙一见玉女杀来，吓得调头钻进深潭。为了永远除掉祸害，玉女又把拂尘朝天灵山一抽，只听“轰”的一声巨响，天灵山一下子倒到湖中，压死了火龙。打这以后，荷花湖就变成了平地。

后来，这里总是雾气腾腾，地上有三个窟窿喷着热水。人们都说，这是潭水在火龙肚子里烧过后，从嘴巴和两个鼻孔里流出来的。水跟汤一样热，人们就把这地方叫汤池，三个泉眼就叫头池、二池、三池。离汤池不远还有个泉眼，冒出来的是冷水，据说那下面埋着的就是被鲁正杀死的火龙。因为这条火龙死了，吐出来的水就不热了。汤池水能治百病，人们都说，这是玉女赐给人间的“神水”。

讲述者：曾正山　男　60 岁　应城　农民　初小
采录者：杨祖群　吴家森　干部
采录时间地点：1982 年 5 月采录于应城市杨岭乡打榨村

附　记

汤池为温泉，在湖北省应城市西部，为疗养、游览胜地。李白曾游该地，写下《玉女汤》诗。汤池还另有一个传说：有个癞蛤蟆精放出癞毒，使人们染上癞疮。玉女下凡，打败癞蛤蟆精，然后炼丹为人们治癞疮。乘玉女不在，癞蛤蟆精卷土重来，将三座炼丹炉掀下山崖。但炉火未熄，烧出温泉，便是头池、二池、三池。玉女赶来，再战精怪，冷不防中了癞毒，倒进汤池。经过温泉水洗涤，立刻恢复健康，终于杀死了癞蛤蟆精。人们感激玉女，又称汤池为玉女汤。

咸宁温泉

从前，江南遭受百年不遇的大旱，潜山脚下的河水也断了流，河两岸的人，就请了一个姓江的神汉①来求雨。

① 神汉：指专门从事迷信活动的男子。

锣鼓敲得震天响。人们跪在地上磕头。一日过去了，天上没见一丝云。两日、三日过去了，天上没落一滴雨。老人、伢崽都渴昏了。几个年轻崽发火了，抬起江神汉往干枯的河里丢。只听“轰隆”一声，河床被砸出个大洞，深不见底。大家都以为江神汉死了。其实江神汉没死，他跌进了地心，跌昏了。醒来后，东摸西摸找出路，见前面有一丝光亮，就朝着光亮往前走，越走道路越宽阔，迎面出现一座金光闪闪的大殿。他推开门进去，只见两个老者在下棋。原来是闯进了龙宫。下棋的一个是龙王，一个是河伯。江神汉见到两位神仙，忙求他们开恩下雨，拯救河两岸的百姓。

河伯听了，忙取出一个金螺送给江神汉，说：“需要水时，将这螺号吹三声，水就从地面流出来了。不用水的时候，就吹五声。切记，用后可要归还。”叫他闭上眼睛，一掌把他推回了人间。

人们见江神汉活着从洞里蹦上来了，都很惊奇。他就把借螺号的经过讲了一遍。然后举起螺号吹了三声，一刻崽①，河滩上一阵声响，地上崩裂出很多泉眼，泉水往外直冒。

人们见螺号这么大的神力，就都来请江神汉吹螺号。江神汉就今日在挂榜山一吹，吹出了一个鸣水泉；明日在度家山一吹，吹出了个度家泉；后日在陈家畈一吹，又吹出了个流泗泉。吹得这一带到处是泉眼。这时，江神汉想

① 一刻崽：一会儿。

起要归还螺号了，可他忘了该吹几下。

江神汉归还不了螺号，河伯想收泉水收不住，一生气，就往水里吐了一口痰。从此，流出来的泉水又浑又臭，人吃了生病，连庄稼也灌不得。

一日，王母娘娘给潜山寺里的葛仙道士托梦，说只要架起柴火在泉眼上烧，百日后泉水就可变清。葛仙叫人们砍来泉山上的树木楠竹，堆在河滩上烧了整整一百日，把地面烧红了，把石头烧化了，最后把泉水炼清了。自从葛仙道士烧火炼泉以后，泉水就是热的了，成了温泉水。

讲述者：余大魁　男　68岁　咸宁市农民　识字
采录者：胡盛忠　余大厚　干部　高中
采录时间地点：1982年3月采录于咸宁市龙潭乡

白鹤井

鹤峰城边有口水井，名叫白鹤井。相传很早的时候，鹤峰住满贝锦卡[1]人。土司王爷姓田，田土王管的地方很

① 贝锦卡：土家语，本地人，同毕兹卡相同。

宽，还有王宫。王宫后头，有座名叫威风台①的山，山上长满茶树。每年清明前后，新茶开园，茶农摘来新茶，用锅炒，用手揉，制成上等绿茶。这种绿茶，要用向家的井水泡才香。向家的男人叫向长生，他有一个姑娘，叫茶姑。茶姑是喝茶长大的，肉皮细嫩白净，样子标致得很。这一天，茶姑正在用井水泡茶喝，香味飘得好远好远。

武当山太乙真人闻到香气，连忙叫白鹤童子四处查访。一查查到鹤峰城，闻到向家屋里的香气，就变成了一个年纪轻轻的茶农。白鹤童子走到向家门口，朝向长生磕头，要拜向长生做揉茶师傅。向长生看他懂规矩，就收下他做了徒弟。白鹤童子早起晚归，勤快肯做，茶姑很是喜欢他。田土王早就晓得茶姑长得好，想把她弄到王宫里做小②，就派舍人③来传话，说："土王说要你做出好茶，从茶杯里现得出白鹤来。做不到，茶姑就进王宫去！"向长生做了一辈子茶，从来还没有做出这号茶，急得冷汗直流。白鹤一听，不慌不忙，说："不要紧，这号茶，我做得像！"

向长生不相信白鹤有这号本事，没得法，只好和白鹤去王宫送茶。田土王看到白鹤来送茶，就在心里打主意，看他怎么弄得出现白鹤的茶来。只见白鹤烧开向家井里的水，把茶杯里的茶一冲，热气里有一对白鹤飘起来，好好

① 威风台：鹤峰城后的一座山。
② 做小：做小老婆。
③ 舍人：土司官阶。

看。田土王看痴了，喝一口尝尝，香得没法，连声说好。

白鹤心灵手巧，躲过一场灾祸，茶姑更加喜欢他。有一天，舍人又来了，对向长生说："你欠土王十八担茶叶，什么时候还?"向长生吓得没法，朝舍人求情。舍人恶得很，说："没得茶叶交，就拿茶姑作抵。"白鹤说："茶叶由我来还，茶姑和我订婚了!"向长生有心把茶姑嫁给白鹤，就说："你不晓得，田土王有规矩，不是姓田的人家成亲，新姑娘要让土司王先睡三夜，你们两个人，快些走，走得远远的!"

白鹤和茶姑正要走，没想到舍人又来了。原来要过端阳节，田土王要喝白鹤做的茶。白鹤没得法，只好和茶姑等几天。茶还没做起，舍人就来抢茶姑。茶姑跑不脱，让士兵围到水井边上。茶姑一狠心，就跳了井。白鹤看到，伤心得很，也跟着跳了下去。只见井里飘出一对白鹤，它们就是茶姑和白鹤变的。

从此，向家水井就改名白鹤井。

讲述者：李敬如　男　79岁　土家族　鹤峰县居民　私塾
采录者：杨　斌　王月圣　干部
采录时间地点：1981年7月采录于鹤峰县城关镇

状 元 桥

梅川有座状元桥，修桥的不是文状元，也不是武状元，而是田状元。

很早以前，有个种田能手叫刘青禾。他八岁就跟父亲学会了种田。长大后，他在田里插秧，别人顺田埂走路，还没他快。村里老人说：“人家有文状元、武状元，我们种庄稼的有个田状元。”

有一年，黄州府开考，八县学生都到齐了。广济县的考生说起田状元，夸得神乎其神。这事一下子轰动了整个考场，连知府也晓得了。知府亲自到广济县看了以后，才相信是真的。

不久，知府把广济出了个田状元的事上奏仁宗皇帝。仁宗皇帝立即发下圣旨，封田状元为三百六十行中头名状元，还拨下白银为田状元修亭立碑。田状元说：“不要修亭造碑，花费了银两。这村旁有一条河没有桥，还是把修碑造亭的银两修座桥吧!”

后来，桥修成了，人们就叫它状元桥。

讲述者：陈树贵　男　67岁　武穴市农民　私塾
采录者：陶　简　居民　小学
采录时间地点：1985年4月采录于武穴市梅川

寡妇堤

大冶县城三面环水。西门通往兴国州，行路的人来往这两地，都得在城外等船渡湖。

乾隆皇帝坐天下那年，对岸海螺山那边的永章里有家姓柯的，祖孙二人在外做生意，发了财，家中置有良田庄屋，蛮富有。这年年底，祖孙二人赶回家过年，坐船过渡时，船到湖心遇上了狂风，一个恶浪打来，船底朝天，一船人都淹死了。

柯家是单脉相传，这下算是绝了代。老寡妇柯曹氏拉着少寡妇柯马氏的手说：“你公婆生下你男人就相继死了，如今他们祖孙两个又命丧黄泉，就剩下我们这一老一少。我已经是黄土埋到颈子上的人了，你还年轻，趁早改嫁吧。”孙媳妇死活不肯。过了些时候，柯马氏和婆婆奶一起到湖边去祭亡魂，刚到湖边，没想到亲眼看见又翻了船。婆婆奶拉着孙媳妇的手，泪流满面：“又多了一船寡妇啊！”两人一路哭了回来。

回到家，柯马氏说：“婆婆奶，我想把家产卖了，修一条长堤通到对岸，这样就不会再翻船淹死人了，我活得心里也好受些。”柯曹氏二话没说，一百个赞成。两人当即卖了家产，将钱财分成两股：一个住到海螺山，一个住到对岸县城坑头尖。湖中树起竹竿标志，两岸对着开工。两岸的人听说修堤，都自愿来挖土挑土，只吃饭不要工钱。路堤刚修了五百多丈，中间出现了一条湖港，土一倒下去就被水冲走了，三天三夜也没填平。老寡妇活活累死，钱也花完了，少寡妇跪在不能合龙的堤口哭喊：“苍天呀，你开眼看看啊，人们是怎样过渡的啊？”话没说完，陡然乌云压顶，电闪雷鸣，“叭”的一声炸雷，把她打死了。一雷过后，晴空万里。大家赶去一看，她背上有一行黑字：“马到山西投一井”。大家不解，说：“做好事的人反而没得好报，太不公平了！”都骂苍天瞎了眼。

过了二十年，大冶来了一位新上任的县太爷，是山西洪桐县人。他一到任，就往西城门楼上跑，望着堤问衙役：“这堤还没修起来呀？”一个老衙役对他说了这堤修不起来的原因，还特别提到柯马氏死后背上留下的字。县太爷明白了，当即就发下榜文，集钱筑堤修桥，还亲自在桥上写了“寡妇堤”三字。原来，这县太爷姓锦①，是柯马氏投胎转世。

讲述者：纪雪卿　男　73岁　大冶县　农民　高小
采录者：余秉贤　工人　初中
采录时间地点：1970年10月采录于大冶县矿山乡

① 锦：“井”、“锦”同音。

汉口是从沔阳流去的

从前，沔阳西流河有一个大潭，传说潭底有个洞，洞下有条河，上通襄河，下通长江，所以这一带常常发大水。

有一天，潭当中金光四射，人们都来看稀奇。就在这时候，天上落下一个筛子大的东西。有人说是怪物，人们都吓跑了。

这东西是一个大蜘蛛。它是看到一只金船从襄河流到这里，才赶来的。蜘蛛扯起了一根荷梗，插到金船上当桅杆。又从口里吐出索子粗的丝，系在桅杆上，往背上一背，拼死拼活地把金船住坡上拉。拉呀拉，口干了，舔一舔草上的露水；肚子饿了，捉几只虫子吃。不晓得拉了多久，总算把金船拉出了水面。

村里人自从潭里落下个怪物后，吓得要死，连走路都拐弯，不从潭边走。人们还烧香磕头，求菩萨保佑平安。这事惊动了土地爷，他变成了一个白胡子老头，走近潭边一看，才晓得是一只蜘蛛在拉金船。土地爷看蜘蛛拉得黑汗水流，两眼滴血，心想：它既然积德做好事，我也该帮它一把。哪晓得刚一用力，就把丝拉断了，金船滑了下去，沿河朝下流走了。蜘蛛说："哪个要你帮忙，金船拉上来后，这里就变成'旱口'了，成为宝地，不再淹水。这下可完了。"蜘蛛说完，就气死了。

那只金船流呀流，一直流到汉阳的鹦鹉洲，搁在滩上，那里就变成了"旱口"。后来那地方果然发起来，人们嫌"旱"字不好，就把它叫做"汉口"，一直叫到现在。

讲述者：艾银珍　女　65岁　仙桃市　农民　小学
采录者：褚铁成　干部　高中
采录时间地点：1988年12月采录于仙桃市西流河

荆州城

荆州城又叫“芦席城”。传说三国时候，关公守荆州，他看荆州城又矮又小，就想再筑一座新城。哪晓得，九仙女看上了这地方，也要在这里筑一座城。关公不肯让地盘，又怕得罪九仙女，就对她说：“我们俩打个赌，你在东边筑，我在西边筑，天黑开始，鸡叫为止，哪个先筑起，城就归哪个。”关公心想：你一个女子家，比得过我？九仙女心想：你一个凡人，哪是我的对手？两人就把事情定下来。

天刚刹黑，双方一齐动手。九仙女施展法力，一衣兜土就筑起一个城垛，不到二更，就筑起了大半边城墙。关公这边，挑的挑，抬的抬，搞得黑汗水流，还是比不赢九仙女。关公一急，就想了一个法子。原来，荆州城外产芦苇，家家户户都打芦席。关公叫老百姓把芦席全都弄来，只半个时辰，就夹起了一座芦席城，打远看，和真的一样。这时，鸡还没叫，关公吩咐老百姓各自回屋里，拍打簸箕，假装鸡扑翅①。九仙女一听，以为鸡叫了，看到关公的城已筑起，自己的城还差一个缺口，只好认输，倒下衣兜里的土就走。后来人们就把这堆土叫“九女冢”②

九仙女往北走了几十里，来到石桥河，刚过桥，就听一声鸡叫，才晓得上了关公的当，一连说出三个“悔”字。后人就把这座桥叫“失悔桥”。

张飞听说关公和九仙女打赌筑城，就借了一担大箩筐，连夜从公安赶回荆州，给二哥帮忙，离城老远，他就装了满满实实一担土，一手提一筐，飞似的赶到东门。一看关公比赢了，张飞才放了心，双手一拍，两筐土全倒在

---

① 扑翅：公鸡在叫之前，拍打翅膀，称“扑翅”。
② 九女冢：位于荆州城北2公里，实为楚庄王夫人楚姬的墓冢。

地上。这就是“张飞一担土”[1]。

讲述者：张明培　男　81岁　江陵县农民　私塾
采录者：舒齐全　干部　大专
采录时间地点：1988年10月采录于江陵县八岭山乡

附　记

荆州城：始建年代不详。秦灭楚后，一直是历代封王置府的重镇。今存砖城为明、清建筑。

① 张飞一担土：又名画扇峰、画诗洞，位于荆州城东门外，峰高6米，长14米，呈扇形，现已不存。

十堰的来历

“十堰”这个名称是怎么来的呢？这里面有一段传说。

相传，明朝崇祯年间，郧县南乡有个斩马沟，住有一个熊阁老。他卸职后，退居故里，横行霸道，欺压百姓，指山为界，强占了“九岗十八凹，一百单八岔”的地盘。

熊阁老的大儿子熊歪嘴，也是个吃喝嫖赌、作恶多端的人。一天，他骑了一匹马，带着几个家丁，到张家庄游逛，看到陈铁匠的姑娘长得很漂亮，就想娶她做小老婆。他闯进铁匠铺对陈铁匠说："家父从朝廷归来，年迈体衰，身边缺少个端茶递水的使唤丫头。听说你家闺女聪明伶俐，手脚也挺勤快，明天是腊月二十三，我派两个家丁，接你闺女到我熊家过个小年。"叫家丁丢下几两银子，骑上马走了。

陈铁匠见这事躲不过，就对姑娘说了。又连夜打开铁炉，添上木炭，打了一把利刀交给姑娘作护身武器。

第二天一早，熊歪嘴派来的家丁闯进铺子里来，把姑娘带走了。姑娘进了熊家，成天挑水、洗衣、磨面、打柴，忙个不停。夜里还得服侍熊阁老。这老家伙真难伺候，稍不称心，不是打，就是骂。有时还把碎碗片撒在地上，逼着姑娘跪在床前。

正月十五元宵节这天，一大早，熊歪嘴就叫管家准备衣物，布置洞房蜡烛，告诉陈家姑娘，天黑了拜堂。姑娘一听，气得不得了。

转眼天黑了，熊歪嘴嬉皮笑脸闯进姑娘的住房，动手动脚。姑娘趁他不备，拔出刀照他胸上猛刺下去。熊歪嘴叫了一声，死了。姑娘急忙转身从窗口跳出，往后山的花栎树蔸[1]跑去。

拜堂时辰到了，熊阁老唤家丁接姑娘出来拜堂。家丁

---

① 花栎树蔸：花栎树林。

来到屋里一看，吓得大叫："不好了，少爷死了，姑娘跑了!"熊阁老和管家赶忙带着家丁们提着灯笼，拿着大刀朝后山追去。

陈家姑娘越过花栎树葩。朝百二河方向飞跑，一口气跑到张家庄背后的山顶上。一看，眼前万丈悬崖，底下是百二河水，前无去路了，后面熊家家丁又追上来了。姑娘咬了咬牙，纵身跳下了悬崖。

乡亲们顺着百二河去寻陈家姑娘的尸体。找了三天三夜，没有找到，就在百二河和犟河上拦河筑堰，阻挡陈家姑娘的尸体流往外乡。他们在百二河筑了六个堰，犟河上筑了四个堰，共十个堰，所以，这地方就叫十堰了。

讲述者：陈奇颖　男　78岁　十堰市　农民　高中
采录者：陈河清　干部　大专
采录时间地点：1980年12月采录于十堰市十堰桥村

纪南城

纪南城，原先叫“挤烂城”。传说有一年，楚庄王有个儿子要娶亲。娶亲前，楚庄王吩咐娶亲用的所有东西都要新的，要以新迎新。

一大早，娶亲的轿子就上了路，直到太阳落山才回来。几里路程，怎么走了一天呢？楚庄王一看，花轿的轿衣是烂的，轿夫的衣服是烂的，有的轿夫还打着赤脚。

楚庄王指着破轿衣问："为什么烂成这个样子？"

轿夫们说："街上人多，挤烂了！"

楚庄王又问："那你们的衣服又是为什么呢？"

轿夫们回答："也是挤烂了的！"

楚庄王又指着一个轿夫问："为什么打赤脚？"

轿夫说："鞋袜也是给挤掉的。"

楚庄王这才松了口气，高兴地说："好哇！楚国的纪南城，哪个比得上，真是一座人山人海的'挤烂城'啊！"

讲述者：胡　刚　男　45岁　江陵县干部　高中
采录者：周扬帆　干部　大学
采录时间地点：1983年7月采录于江陵县纪南城

附　记

纪南城：又称纪郢，位于江陵城北5公里，春秋战国时，楚国在此建都，历时400余年，为当时我国南方最繁华的都市，现为全国重点文物保护单位，土筑城墙尚存。全城面积16平方公里，城内古迹遗址众多，城外七大墓区，分布着大小楚墓千余座，出土了大量珍贵文物。

刘一儒和锁堂街

现在宜昌市的尔雅街，原来叫锁堂街。为什么叫“锁堂”呢？这里面有个有趣的传说。

明朝嘉靖皇帝在位时，夷陵出了个文士叫刘一儒。他十年寒窗，一举成名，到京城当了官，最后升为刑部侍郎。当朝宰相张居正把心爱的女儿许给了他的长子刘戡之。他们成亲那天，嫁妆把一条街都摆满了，看热闹的人摩肩接踵。可刘侍郎却紧皱双眉，踱来踱去。突然，他大声吩咐道："把这些东西统统搬到堂屋里，锁起门来，谁也不许动用！"

刘侍郎这般不讲情理，引得人们纷纷责怪。

过了几年，张宰相死了，皇帝抄没了他的家产，贬斥了他的亲朋故旧。可刘一儒因为曾写信规劝过张居正，还锁起了张家送的财物，显示出清廉和耿介，所以不仅没遭贬谪，反而被升为南京工部尚书。

刘一儒住过的那条街，就叫作"锁堂街"。

讲述者：邓实之　男　79岁　宜昌市　教师　高中
采录者：陈　补　干部　高中
采录时间地点：1982年3月采录于宜昌市市区

女儿寨

咸丰县有座山，三面都是刀劈的悬崖，只有一面有条羊肠子路通到山顶。从前，山顶上有个寨子，还住过一群土家族妇女呢！

那是明朝时候，唐崖司[①]有个土王。他对百姓好，百姓对他也好。明朝皇帝生怕他们上下扭成一股绳，再难摆布，就到处无事生非、扯谎造谣言，说土家人要谋反。他们派了好多好多的人马来讨伐，想把土家人斩尽杀绝，去掉他的一块心病。

土王正在害病，得到这个消息，连气带病，没过几天就断了气。王印就由王后覃氏夫人掌管。

覃氏夫人悄悄埋了土王，不露半点儿风声。接着，她让几个儿子也像将士们一样，枪对枪、刀对刀地操练拼杀。将士们见她这样做，都受了感动，打起仗来，一个顶十个。后来官兵越来越多，覃氏夫人晓得战不过，就派人暗暗到百里外的一座悬崖上修了一个寨子，还运去了许多粮草。一天夜里，她趁敌人防守不紧，带上全部人马，撤到了新修的寨子里。

第二天早上，官兵发觉是座空城，又气又恼。他们四处放出探子找，找了好久才找到了覃氏夫人的下落。

官兵开到悬崖下，见那条独路守得紧，攻不上去，就做了些大木炮，灌上铁砂子轰。木炮火力不足，轰不到山顶，只把半山腰轰出一个缺口，后人叫那里为“炮缺”。铁砂子落到前面的山岭上，后人叫那里为“砂子岭”。

官兵见硬的不行，就来软的。他们在对面山上喊话，要双方的首领到中间的马家沟讲和。覃氏夫人晓得这是敌

---

① 唐崖司：元末明初鄂西著名十八土司之一。距今鄂西土家族苗族自治州咸丰县城三十余公里的尖山区境内的王城遗址，至今保存较完好。

人玩的花板眼[1]，就说："要讲和就只动嘴，不动刀枪。双方首领都不带一兵一卒。"

官兵满口答应，真的只有一个人向马家沟走来。覃氏也不带一个随从，直朝马家沟走去。双方越走越近，可以讲话了。那家伙就是不开口，只是不断往后看。覃氏正要问话，只听得山雀儿一阵惊叫，对面的树林里冲出一队官兵，杀了过来。覃氏早有防备，"嗖"的一箭，把敌将喉咙射穿，倒地死了。官兵无将指挥，乱成一团。覃氏趁机回到了山上，一根毫毛都没伤着。

皇帝又派了一个将领带了人马来助战，日日夜夜攻打，还是攻不上去。眼看寨里粮草就要用完，外面又没有救兵，覃氏心里急得像油煎火熬。她对大家说："要是死守在寨里，只有饿死，土家人就要绝子灭孙。活路只有一条，大家舍命杀下山去，跑出一个算一个，总不会死完。"接着，她又令所有青年男女，只要平时有意，眼下也觉得合心时，今晚就成亲。军令如山，大家只得依从。

到了天要亮的时候，覃氏喊醒那些新郎新娘，对他们说："所有的男人由田将军带领，从前面的小路杀下去。妇女由我带领着，自有脱身的办法。记住，杀出去后，我们在四川的石柱县会合。"

覃氏打开寨门，那些将士"呼"的冲了出去，与官兵杀成一团。他们为了和亲人团聚，个个都不怕死，终于杀开一条血路跑走了。

---

① 花板眼：花招儿、诡计。

就在山下杀得不可开交的时候，覃氏让妇女们各拿着一把花伞，从寨墙上跳下悬崖，随风飘到了山脚下的草坪上。覃氏又带着她们赶到四川的石柱县，和那些杀出重围的将士们团圆了。据说，那里现在还有他们的后人。

后来，人们把那山上的寨子叫做“女儿寨”。相传，每逢夜深人静后，还会隐隐约约看到她们在撑伞跳崖呢！

讲述者：李正福　男　60岁　土家族　咸丰县农民　不识字
采录者：安治国　钱　锐　干部
采录时间地点：1982年5月采录于咸丰县大路坝乡

下 棋 棚

建始县龙坪区有个下棋棚乡，说起这个地方，还有个来历。

相传明朝末年，这里住着两户人家，一户姓谭，一户姓王。两姓人家的田园地界弄不明白，一直喜欢葛孽①，结了好深的仇。久而久之，两家都想取和，但是都不愿先放这个架子，一直过去好几年，就这样冷板着。

这天早晨，来了两个进京赶考的秀才，找两家人问路。两家老板听说客人是秀才，就想让秀才搭个桥。两家都来拉秀才到屋里歇稍②。两位秀才一看就明白，晓得两家有仇，又想取和。秀才一商量，干脆两家都不进，就在两户人家中间的茅草棚子里坐下，打主意下棋。两个秀才摆开阵势，你安当头炮，我起马来照；你步巡河车，我安马后炮。你攻我守，我进你退，一直下到太阳落土，还不分胜负。最后，终究是一盘和棋。一个秀才说："棋不分胜负，是老天爷的意思。"另一个秀才也说："人也莫争输赢，和气生财。"谭姓、王姓的老板，听了两位秀才的话，都点头称是。

谭姓王姓两户人家和气了，为了不忘秀才的恩德，他们就把这块地方取名为下棋棚。

讲述者：周国辉　男　30 岁　土家族　建始县　农民　高中
采录者：饶楚文　干部　初中
采录时间地点：1986 年 8 月采录于建始县龙坪区

---

① 葛孽：打架吵闹，不和气。
② 歇稍：休息一下。

附　记

湖北省建始县龙坪区，有一个叫下棋棚的乡。这里谭、王二姓人家居多。传说很早的时候，两家人一直有仇隙。后来，他们之间和好了。方圆几十里的地方，如今都叫下棋棚。

好汉坡

云雾观和架子山两峰之间，有一条横贯南北的大路，北坡又高又陡，名为好汉坡。

很久以前，坡下住着一位落第举人，叫马感化。他心地善良，常拿出钱财接济周围的穷人。

一天夜晚，老伴把牛牵进牛屋时，马感化发现有个盗牛贼，两手抓住牛的前脚，两脚钩住牛的后腿，身子紧贴牛肚皮，混进了牛屋。

马感化装作没看见，坐在板凳上吸烟，可心里折腾得厉害：叫人吧？吓跑了盗牛贼，他还会找别人家再偷。抓他吧？又下不了手，饥寒起盗心，谁甘愿做贼呀？马感化想了半天，把烟杆往腰带里一插，朝里屋喊："老巴子①，快些烧火，有稀客来了。"老伴听他说得一本正经，就赶忙做了一桌酒菜。

酒菜摆好了，马感化朝牛屋说："小兄弟，快出来喝杯酒吧！"见里面没动静，就又喊："小兄弟，出来吧，有话好商量，我不会为难你的。"

盗牛贼听出马感化毫无恶意，就用"狗钻洞"的帽子遮住脸，只露两只眼睛，出来入了酒席。酒过三巡，马感化拿出三十块大洋说："老弟生活困难，这些钱你拿去做个小生意吧。记住，正正当当挣钱养活自己才是正道，不义之财不可取。"

盗牛贼跪下来谢过马感化，说了声："老伯洪恩，后报有期。"迈开大步走了。

从此以后，盗牛贼洗手不干了。他用十五块大洋买了渔网，以捕鱼为生，每天都在马家的门前偷偷地挂上一条大鲤鱼。

这事一传开，人们都说马感化是条好汉，盗牛贼弃恶

---

① 老巴子：对老伴的称呼。

从善，也是一条好汉，便把那又高又陡的大路北坡叫做“好汉坡”。这故事一直流传到今天。

讲述者：周明西　男　62岁　荆门市农民　初小

采录者：袁大祥　教师　大专

采录时间地点：1984年采录于荆门市马良镇

三官殿和三管店

三官殿坐落在汉江边上，来往商船很多，人们又叫它三管店。两个名字各有来由。

很早以前，这个集镇的街中心，有口水井。均州、光化、谷城三县，在这里以井为界。有一天，挨光化这边的井沿上杀了人。地保飞快到县城报案。光化县县太爷坐轿来到井边验尸。他一看这人是趴着死的，便吩咐翻个身看看面相。两个衙役好不容易将死尸踢翻过儿，太爷却一声吆喝：“起轿回衙！”衙役们说：“老爷，案还没有结呢！”

“不用啦！现在是均州的事情，本县管不着。”说罢，坐轿走了。

原来这人正死在光化与均州的县界边上。衙役把尸体翻了个个儿，就翻到均州境内了。

均州的地保也飞快到县城报案。均州的县太爷同样来验尸。他在现场看了一会儿，说：“为了辨别凶器，还是让尸体趴着，看看伤口。”地保当然再将死尸向前翻个个儿。

这样一来，均州太爷摇头晃脑，表现出很为难的样子说：“这么好断的案子，可惜不归我管。”原来死尸已翻到谷城境内了，均州县太爷扭转身又走了。

谷城县太爷来验尸，问明了情况，气得咬牙切齿。他恨均州、光化两县县官太不讲义气，不该嫁祸于人。于是，依着他们的样儿，又将死尸翻到光化境内的原处。死尸一天天腐烂，臭气难闻，老百姓四处告状，逼得三县太爷齐来断案。三位太爷住在井边的一个饭店里，你推来我推去，最后把罪过推在这口水井上。是嘛，若不是这口井，死者或许早已逃生了。由此公断：

水井两丈深，

井边伤人命。

死尸撂井底，

水井应填平。

因为三县县太爷在这里管公事，这饭店打那以后就叫“三管店”。

死者是远路人，不管这案子断得怎样可笑，没人上告。这三位太爷自吹自捧，以为在此断了一件了不起的千古奇案，硬要老百姓在井边为他们盖座庙。庙内塑他们三人圣像，彩画全身，叫后人供奉敬香。这庙就取名叫“三官殿”。

三官殿修起。敬神的第一天，举行了上万人的庙会。三个县官坐着轿子，来到庙门上。正当绅士们为三位县官插第一炷香的时候，庙门墙上忽然出现一首顺口溜：

三位太爷断奇案，

死尸翻得稀巴烂。

当官不为民做主，

谁来敬这糊涂蛋。

县官们看见这首诗，脸上热辣辣的，都悄悄地溜走了。

三官殿因为这首诗更出名了。一来二去，就代替了三管店的地名。

讲述者：王华生　男　73岁　丹江口市医生　识字

采录者：李征康　干部　高中

采录时间地点：1982年采录于丹江口市武当山

黄鹤楼

武昌蛇山，古时候叫“黄鹄山”。山头有家姓辛的老夫妻，无儿无女，开了一座小酒铺卖点酒、菜为生。老两口做生意公道，酒菜好，再加上这里景色优美，招来蛮多顾客。

有一天，来了一个道人，喝了酒没给钱就走了，这老两口也没向他要。后来，这位道人不断来喝酒，吃完喝完嘴巴一抹就走，连个“谢”字也不说。老两口心里想：出家人嘛，到哪里不是化缘吃饭呢？生意兴旺，也不缺他那几个酒钱，就不计较，还是把他当客人一样热情款待。

一日三，三日九，转眼到了秋天。这天，道士又来喝酒，一边喝一边剥橘子吃，吃完拿起剥下来的橘子皮，在酒铺的粉墙上画了一只飞舞的仙鹤，黄灿灿的，蛮好看。道士对老两口说：“我就要到远方去云游了，你们老两口对我的盛情款待，我感激不尽。出家人没有什么好东西报答你们，我画了一只仙鹤在墙上，喝酒的客人来了，你们只要拍拍手，它就会飞下来跳舞助兴。从今天起你们也不用熬更守夜自己做酒了，屋后那口井的水，打起来就是好酒。”说完告辞出门，飘然而去。辛氏老两口听了这番话，又惊又喜，半信半疑，赶忙试个真假。把手轻轻拍两下，那黄色的仙鹤真的从墙上飞下来翩翩起舞了！再跑到屋后去打井水，果然酒香扑鼻，喝到口里甘绵醉人，喜得老两口望着天拜了又拜。

从这以后，辛氏夫妻就以井水代酒，引仙鹤跳舞招待顾客。人们一传十、十传百，到这里喝酒和观赏黄鹤跳舞的越来越多，老两口的生意也就越做越兴旺了。过了几年，道人云游回来，又来饮酒。老两口见了恩人，格外热情款待。道人一边喝酒一边问他们生意好不好，辛爹爹回答：“多承您的关照，生意蛮兴旺。我们老来有靠，不晓得该怎样感谢您哩!”辛婆婆人心不足，就说：“好倒是好，就是喂的猪没有糟吃。”道士一听，放下酒杯，长叹了一声，口里念了四句话：

天高不算高，
人心第一高。
井水当酒卖，
还嫌猪无糟。

他站起来，抽出随身带的铁笛吹了几声，黄鹤从墙上飞下来伏在道士面前，道士跨上黄鹤腾空而去。从此，屋后的井水也不再是酒了。老两口十分后悔。悔也悔不来了，就把赚的钱建了一座飞檐翘角的高楼，取名叫“黄鹤楼”，来纪念这段奇遇，表达辛氏老两口的悔过之心，所以人们又叫它“辛氏楼”。

讲述者：当地几位居民
采录者：蓝　蔚　满族　干部　大专
采录时间地点：1963 年 5 月采录于武汉市蛇山黄鹤楼旧址

东西店

光武帝刘秀与王莽争夺天下，被围困在均州，粮草断绝，很危险。刘秀好不容易带兵冲出，来到房州中堰河。马一声长叫，把他摔在地上。将士们围住皇上一看，没事。再看战马，原来是马鞍子坏了。咋办呢？不修不行，修又没有修马鞍的家什。刘秀四处望，发现前边有个小饭店，便牵马进去，和气地对店主说：“大叔，我跟你借样东西。”店主说：“好吧，我给你拿去。”也不多问，转身拿来一块木板跟一把斧子。刘秀接过斧子和木板，心里很奇怪，就问：“大叔，我没说要借斧子和木板，你咋晓得我非借它不可呢?”店主一笑说：“你不是已经说了吗，你要借‘东西’。这‘东’，就是东方甲乙木，是木头；这‘西’，是西方庚辛金，不是斧子吗?”刘秀一听，连说：“对呀！对呀!”

刘秀修好马鞍，谢了店主，快马加鞭走了。事后，刘秀打了胜仗，坐了皇位，他特意写了一块“东西店”的金匾，送给店主。店主把金匾挂在门前，从此生意兴隆，发了大财。中堰河的这个小村呢，人们就永远叫它“东西店”了。

讲述者：张天赐　男　85 岁　居民

采录者：傅必学　干部　中学

采录时间地点：1984 年夏采录于房县境内

太晖观

荆州城西门外，有一座古观，叫太晖观。老辈人称为“赛武当”、“小金顶”，远近蛮有名。太晖观与别的庙宇道观不同，修得像座皇宫。怎么会造成这个样子呢？

传说，朱洪武的第十二个儿子，被封在荆州为湘王。

这湘王不想做官，一心想修行学道，经常出门拜师，一走就是几个月。有一回，湘王又出门了，好长时间没有回来。朱洪武晓得后很恼火，派五百御林军去找他。湘王看到御林军，拔出宝剑一指，地上就变成一条河，把五百御林军全都淹死了。湘王心里后悔，就想造一座庙永远修行。

庙造在哪里好呢？湘王选了几个地方，都没看中。这天，他来到荆州城西门外，看这地方蛮好，就拔起一棵枯树，往地上一栽，说："枯树长，造庙堂；枯树活，就下脚。"话音落地，枯树一下子变得青枝绿叶。湘王就选中了这个地方。

庙造个什么样式呢？造庙师傅心想：湘王是个千岁，他在这里修行，不比一般的和尚道士，庙也不能比一般的庙宇，不如把庙造成皇宫模样，这才不失湘王的体面。

庙按皇宫模样造好后，湘王又吩咐造庙师傅，在金殿的后壁和左右两壁，雕上五百个御林军的石像。哪晓得，正要打围墙，有人向皇上告了密，说湘王想谋反，在荆州城外造了座金銮宝殿。皇上一听，这还了得！发来十万大军，捉拿湘王。湘王一听，要吓死了，马上要造庙师傅连夜将庙的样式改过来。造庙师傅忙了一夜，改了左殿改右殿，改了前殿改后殿，左改右改，那座金殿怎么也改不过来。湘王晓得出了拐①，就一个人跑到对面的鸡窝山上，躲进一座小庙里。庙里有一缸点神灯用的香油，湘王把油

① 出了拐：出了毛病，出了问题。

洒到茅草上，心一横，自焚而死。

湘王死后，皇上才晓得他并无反心，造庙也是为黎民百姓，可算得光昭日月，就给大庙取名为“太晖观”。还遂了湘王的心，把他的尸身埋在金殿的西南方，造了一座“湘王墓”，让湘王日日夜夜伴守着太晖观。

讲述者：张广生　男　78 岁　江陵县农民　私塾 2 年
采录者：舒齐全　干部　大专
采录时间地点：1988 年 11 月采录于江陵县太晖观

附　记

太晖观为江陵最大的道观，建于明代。关于太晖观的兴建，民间还有一说：湘王被封荆州后，确实想自立为王，造太晖观实为造皇宫。后被朝廷发觉，自焚而死，葬于金殿西南方 200 米处，名“湘王墓”，至今尚存。

凫水罗汉

清朝道光年间，归元寺①的方丈做了一个梦，梦见月湖三眼桥下有很多罗汉凫水朝陡码头游来。上岸后，一个

① 归元寺：在汉阳，寺内的五百罗汉塑像，是武汉市重点保护文物。

接一个走进寺门，一数，共四百九十八位。方丈问：“罗汉从何处来？怎么少了二尊？”一罗汉答：“我等从五台山来，有两尊到黄陂去了。”方丈醒来以后，觉得这个梦非同小可，罗汉都来了，哪能不建堂供奉？便许下了建罗汉堂的大愿。

方丈四处化缘，整整花了九年，才募够了银两，贴榜招聘塑师。黄陂两个农民塑师，手艺最高，就下了聘帖。这两个塑师是父子俩，方丈给了他们常州天宁寺石刻五百罗汉拓本，让照拓本塑像，还要求塑的罗汉都能够凫水，好应他的梦。

塑师把拓本看了又看，揣摩了又揣摩，又到宝通寺、龙华寺、栖贤寺、灵隐寺、兴国寺、十方寺、回龙寺、黄龙寺、头陀寺、寒溪寺十大寺庙去实地观察高僧大德的行动坐卧，回来给方丈递上塑罗汉的材料清单。方丈看罢，问道：“为何要丝麻和生漆？”塑师说：“方丈不是要塑凫水罗汉么？我先塑个泥罗汉，用生漆把丝麻一层一层粘上去，粘上九九八十一层，等生漆一干，灌水融泥，泥水流尽，便脱胚成了空心罗汉。空心罗汉，不就能凫水了吗？”

过了九个寒暑，塑师父子塑成了四百九十八尊，还差两尊没塑成，就劳累过度病倒了。新来的塑师拿拓本一对照，已经都塑完了，自己还照什么塑呢？方丈想起当年的梦境，才知道两个黄陂塑师的来历，便说：“老塑师和他的儿子功德无量，应尊为罗汉，受人间供奉，就塑他们吧！”

当塑完最后两尊罗汉时，老塑师和他的儿子安详地离开了人世。据说，现在罗汉堂韦驮左右的两尊塑像，一个擎日，一个举月，那就是黄陂老塑师父子二人。

后来，汉阳发了几次洪水，罗汉堂虽屡次受淹，五百罗汉却完好如新，他们是名副其实的皂水罗汉。

讲述者：昌明和尚　归元寺现方丈

采录者：昌学汤　副教授　大学

采录时间地点：1960 年前后采录于武汉市归元寺

八公庙

襄阳城外有座八公山，山上有座八公庙，庙里供的是个小寡妇。

相传，从前有个大员外，一生交了好运气，积了万贯家产。没想到晚年走麦城，从六十岁起，老伴、儿子、媳妇、孙子接二连三死去，只剩下自己跟一个孙媳妇。这个孙媳妇年轻轻的，为人贤惠。为了侍候年迈的爷爷，决计不改嫁。人们背地里叫她“小寡妇”。

小寡妇的一片好意，反招来一些麻烦。有一次，她从厢房门前过，听到一阵絮絮叨叨的说话声，一听，原来是家门族间的一些人在说是道非。有的说：“这小寡妇赖着不走，是存心霸占老爷的家产！”有的说：“那可不行！等老爷百年归山以后，老子们给她来个颈脖齐①，再把家产分光。千万莫落到她这个外姓人手里。”小寡妇吓了一身冷汗，回房后想，趁老爷在世，我得赶紧想个万全之计。左想右想，想到给六十多岁的爷爷续个后房——给自己接个奶奶，过两年爷爷死了，有个奶奶镇朝，别人也不敢咋样。

拿定了主意，小寡妇去找媒婆王妈打听，看有没有愿意填房的老姑娘。王妈想了想：“别的没有听说，只晓得你们老爷有个佃户姓张，他有个姑娘，只因家又穷人又丑，二十八九了还没找到婆家。不晓得你给哪位公子提亲?”

小寡妇说：“不为哪家公子，是想给我家老爷爷续个后房。”

王妈一听，脑壳摇得像拨郎鼓，说这门亲事不好提。任凭小寡妇出多少钱，她都不干。小寡妇没办法，脸一抹，壮壮胆子，干脆自己上张家提亲——孙媳妇给爷爷做

① 颈脖齐：割脖子、杀头。

媒，世上哪儿见过这等事！也是前世的姻缘，小寡妇一番言语，还真打动了张佃户的心。

小寡妇跟张家过了礼，定了日子，才告知老员外。老员外心想，既然生米做成了熟饭，又是为自己一番好意，也就没推辞。挑个良辰吉日，粗一班细一班①，把个张家姑娘娶了过来。

俗话说，秋葫芦晚瓜，一窝俩仨。张家姑娘到了老员外家，一连生了四胎双生儿，得了八个儿子！小寡妇添了八个叔公，心也宽了，胆子也壮了，每日帮着小奶奶给叔公们把屎把尿，喂奶喂饭。叔公们稍一懂事，她又请来有学问的先生，硬是把八个叔公教得知书懂礼，满腹文才。

转眼二三十年过去，八个叔公不是做了府台、道台，就是中了状元、举人。这时老员外已近百岁，他见八个儿子都有了本事，自然想起孙媳妇的恩情。

一天，老员外把八个儿子都叫回来，吩咐他们修一座大墓，盖一座大庙。儿子们都孝顺，银钱大把大把地拿，工匠大批大批地请，没多久，墓也修好了，庙也盖好了。完工这天，老员外叫孙媳妇一同前来过目。

儿子们齐声问老员外，庙盖得咋样？

老员外点点头说："盖得好是好，可惜我不配住。"

儿子们莫名其妙地问："你老人家百年仙寿，儿孙满堂，你不配住，谁还配呢？"老员外说："只有我这孙媳妇，你们的侄媳妇，她配住。没有她就没有你们！"八个

---

① 粗一班细一班：形容娶亲时文、武乐队的热闹场面。

儿子记住老员外的话。后来小寡妇死了，就把她埋到大墓里，供在大庙里。因为这庙是小寡妇的八个叔公修的，人们就叫它“八公庙”。有了八公庙，盖庙的那座山就叫“八公山”了。

讲述者：李大章　男　60岁　襄阳县　农民　不识字
采录者：薛顺超　干部　高中
采录时间地点：1981年采录于襄阳县泥咀镇

荆州城的关庙

传说，雍正皇帝的娘娘快落月①时，梦见京城上空一片紫云，西边天上一条黄龙飞来，穿过紫云落到城外。又

① 落月：即生小孩。

见一只五彩凤凰从东边天上飞来，穿过紫云落到城里。娘娘醒来，肚子就疼，一会儿，生下个女伢。娘娘想，梦中黄龙，该是太子，怎会生个女伢？就派太监去查，看谁家刚生男伢。这太监一访，访到个与娘娘的女伢同时出生的男伢，不管三七二十一，把男伢调换过来，这就是后来的乾隆皇帝。

乾隆长大后，不晓得自己的身世。有一天，他在花园里玩，听到两个太监在背地里说娘娘以凤换龙的事，才晓得自己不是娘娘的亲生儿子，好伤心，就哭了起来。哭着哭着，睡着了。蒙眬中，忽听有人喊了声："大哥，不哭了，这皇位日后还是你的！"乾隆一看，说话的是个红脸汉子，凤眼蚕眉，威风凛凛，肩头靠着一把青龙偃月刀，就问："你是何人？为什么称我为大哥？"那人说："小弟云长，听说大哥转世，特来问安。"乾隆这才明白，自己原来是刘备转胎。他忙问："二弟今在何处？"关羽说："小弟还在荆州。"乾隆听了大喜，说："待愚兄登位后，一定加修庙宇，重塑二弟金身，让你永远镇守荆州。"

乾隆登位后，果然大修关庙，尤其是荆州的关庙修得又多又好。

讲述者：胡绥之　男　83岁　江陵县农民　私塾
采录者：朱振汉　干部　大专
采录时间地点：1982年9月采录于江陵县荆州镇

附　记

另外有一种传说，乾隆在金殿上，听到空中有马蹄声响，问："你是何人?"回答："二弟云长。"又问："三弟现在何处?"答："镇守辽阳。"乾隆派钦差大臣去辽阳找老三。那里的守将不知道自己是张飞转世，误以为大祸临头，竟给吓死了。

三座庵与椿树垭

三座庵和椿树垭是神农架的北大门，在房县很出名。有一年，这地方来了一位阔小姐。她家有千斗种①，百升

① 千斗种：以撒种多少计算土地面积，撒种一斤，即称一斗田，约为半亩。

金，千锭银。她一心要嫁一个和自己家产同样多的豪门富户，只因人丑，总嫁不出去。一年拖两年，两年拖三年，一下子拖到了三十出头，还没找到称心的人家。一横心，她就当尼姑修仙了。

这小姐要找一处不受人打扰的清净地方出家。她走了几个月，来到了神农架边上的房陵州①。在神农皇帝修仙尝药、得道升天的地方，盖了一座木架庵堂，开始修道。

山里人都很穷，见来了个富尼姑，想一定是行善积德的人，有难处时就去找尼姑帮忙。谁知这尼姑一毛不拔。

有年冬天，天下着大雪。山林中爬出一个白发婆子。她又冷又饿，爬到庵门前，向尼姑要点吃的，讨个火烤。尼姑见老婆子又脏又病，把山门一闭，理也不理。天快黑了，尼姑怕这婆子冻死在山门上，没人帮她拖尸体，就想端一盆尿泼出门，逼老婆子走开。

尼姑端了半盆尿开了山门，尿水还没泼出，只见老婆子一滚身，变成了一只貔兽，一口把尼姑吞下了肚子。

老婆婆就是神农皇帝把守北大门的貔貅将军变的。貔貅将军吃了尼姑，放出一个怪屁来，屁中带烟，烟中带火，把这座木庵堂给烧了。

过了些天，又来了第二个修仙女子。这个尼姑比第一个尼姑心善，常把一些破旧衣物送给穷人。尼姑想与尘世隔得远些，离神农更近些，就把新庵盖在了林子深处。

两年过去了，尼姑啥事也没有出。到第三个年头时，

① 房陵州：即今湖北省房县。

山外来了一个挖药的人，背着个破背篓，说要在仙姑庙搭个早火，讨点吃的。尼姑满口应承，施了饭菜。这挖药人不小心，临走时把背篓一抖，藏在背篓里的一块金砣子溜在地上。尼姑见了钱，眼睛一亮，把金子拾起，揣进怀里，关了山门。

尼姑进了房屋[1]，拿出金砣子左看看，右看看，看到金砣子上金光一闪，长出来一个金头。金头上又长出一对眼睛。眼睛骨碌一转，从眼眶子中掉出来，滚到了地上，变成了两砣小金子。这下尼姑更高兴了，这不是一块金母子吗！话没出口，只见大金砣子头一摇，变成了一只金毛大老虎。两块小金砣子也变成了两只小金毛虎。大虎一声吼，小虎随声应，张开三张嘴，大虎咬住尼姑头，小虎撕着尼姑脚，“嚓”地一声响，尼姑变成了三块血糊糊的人肉，填了虎肚子。

这金子原来是神农皇帝把守北大门的锦毛虎变的。

又过了些日子，山外又进来个修道的尼姑，人们就叫她“三仙姑”。三仙姑把庵堂建得更高了，一下修到进神农架的头道垭子上。她一是诚心，二是不爱财，一身清静，人们都说三仙姑一定能修成神仙。这天，从山外来了个标致的少年公子哥儿。这三仙姑见他眉清目秀，一下就动了凡心。晚上，等她把这公子抱在床上时，这公子一下变成了一棵大椿树。原来公子哥是香椿树精变成的。三仙姑被椿树压下，永远也没有翻过身来。从那以后，三个尼

① 房屋：即卧室。

姑盖的庙叫“三座庵”，头道垭就叫“椿树垭”了。

据说，缺德、爱财、好色的人想进神农宝地，过得了三座庵，也越不过椿树垭。所以，神农架这块宝地从来没有人敢侵犯。

石榴花塔

石榴花塔至今完好地保存在汉阳公园内，讲起这座塔的来历，还有段故事呢。

相传南宋初年，汉阳城里有户姓王的大户人家，一家五口，三口死在洪水中，只剩下婆媳二人守着一点儿遗产，相依为命，勤俭度日。

洪水过后。又发了瘟疫，婆婆得了病，媳妇徐氏四处求医，整日整夜守在床前喂汤喂药。

一天，她拿起婆婆弄脏了的衣裤，正要去洗，婆婆不好意思，说要自己洗。媳妇说："你在家歇着吧，谁没有个老呢？这是我该做的。"就替婆婆洗了。

当晚，贤惠媳妇躺在床上睡不着觉，心想："婆婆年老体弱，弄点什么补一补呢？"第二天一清早，媳妇捧着煨好的一吊子鸡汤，送到婆婆床前。谁知，婆婆吃了鸡肉，喝了鸡汤，刚躺下去，一个呵欠上了西天。

贤德媳妇哭得惊天动地。族里几个坏家伙向县衙门里告了她个谋财害命的诬状，又上上下下使了银钱。县太爷得了甜头，准了状，把王徐氏抓到堂上百般拷打，直打得她皮开肉绽，强迫画了押，扔进了死囚牢。

王徐氏冤沉海底，只等死后和亲人相见。春去秋来，眼见刑期迫近了，王徐氏心如刀绞。临刑的头一天，王徐氏一夜没合眼，牢门一开，老狱卒给她打开长枷，换上短铐，还按流传的风俗给死囚头上插了一朵红石榴花。

囚车来到翠微峰下，监斩官喝道："王徐氏听着，明年此时是你的祭日，临死前还有什么话要说？"

王徐氏拔下鬓上的石榴花，对围观的人群说："监斩的老爷，围观的乡亲，我实在冤比海深。我只求行刑的大哥把这石榴花插到山石缝中，花要是活了，我有冤。花要是死了，我有罪！"说完，把石榴花扔到地上。围观的乡亲都知道她冤枉，个个暗自流泪。刽子手拾起石榴花，插到山石缝里。

第二天，人们成群成群去看插在山石缝中的石榴花，发现它已经长出了两片绿叶。后来，那棵石榴花见风也长，见雨也长，见太阳也长，不到一年工夫，长成一棵三尺多高的石榴树，年年开花，岁岁结果。后人在这里建了一座塔，取名叫“石榴花塔”，来纪念这位屈死的妇女。

义门坊

余家桥有一个地方叫牌楼李家，李家人是抗元英雄李庭芝的后代。这一大家人，做事齐心，相处和睦，日子过得蛮美满。

明朝，宪宗皇帝下江南，来到了蒲圻县，听说李家七代没分家，就来看个究竟。果然见他家有一百多人吃饭，做事鸣鼓为号，相处非常和睦，生活也很富裕。

宪宗皇帝把看到的事情告诉了宠爱的妃子。妃子说："他一家那样团结和气，只怕有朝一日会谋你的天下，不如趁早把他们杀了好。"皇帝拿不定主意，又派人前去仔细打听情况。

钦差问他们治家的办法。李家人说："我家代代当家的只能是十八岁左右的年轻后生，在当家主事期间，不能结婚，因为结了婚好听枕边话，不能秉公办事，家也难治好。"钦差回京，上奏皇帝。皇帝想起妃子的话，暗骂自己，差点儿听信了枕边话，误了大事。

这年六月，宪宗皇帝下旨，为李氏立了一座牌坊，题名"义门坊"，牌楼李家就此得名。

显陵与小皇陵

钟祥县城东门外，有一座明朝陵墓，叫显陵，墓里葬的是嘉靖皇帝的父母。离显陵不远，有一座大坟包，里面葬的是嘉靖皇帝的奶妈范氏一品夫人，当地人称为“小皇陵”。

相传，嘉靖皇帝的母亲死后，他准备将母亲的灵柩运到钟祥，和他父亲兴献王合葬。一算账，运灵柩和修建陵墓，要花四十八万两白银。嘉靖皇帝想给自己留条后路，就不想花国库里的银子，可到哪里去弄银子呢？

宰相严嵩给他想了个弄钱的法子。

严嵩来到承天府①，命各省派使者到承天府接旨。没几天，各路使者都到齐了。严嵩派人端上当地的甜梨，招待各路使者，还说这梨是皇上所赐，谁吃的梨多，谁就是忠臣。还叫使者们将吃的梨籽留下，好计数。云南、贵州的使者，是第一次吃梨，越吃越好吃，就尽着肚子装。

梨子吃完了，严嵩一数梨籽，云南、贵州的使者吃得最多，各吃了四十个梨子。严嵩又传下一道圣旨，说皇上要给皇太后修建陵墓，各省府都要拿钱，钱数就按今天吃的梨数上交，一个梨一万两白银。

各地的钱很快都交上来了，独有云南、贵州一时交不上来。现在皇陵外城的两个缺口，就是云南、贵州两省欠下的。等他们凑齐钱款时，皇陵已快修起了。皇上发怒，说他们误了工期，斩了两路来使，用他们上交的钱为奶妈范氏修了个讲究的小坟墓。

① 承天府：明置，在钟祥县，辖钟祥、京山、天门、潜江等县。

双头家

纪南城东的海子湖边，有座孙家山。山上有两个一般大小的土家，叫“双头家”。相传，这是楚国宰相孙叔敖斩双头蛇的地方。

孙叔敖从小就死了父亲，和母亲一块过生活，非常贫穷，靠打柴为生。一天，孙叔敖上山砍柴，砍着砍着，瞌睡一来就在地上睡着了。忽然，他被一阵怪声音惊醒，一看，远处有一条长着两个脑壳的蛇，正在草里爬。孙叔敖听母亲说过，谁碰上这“双头蛇”，谁就活不长了。他想：自己死就死吧，不能让双头蛇再害别人。他举起柴刀，向双头蛇狠狠砍去。双头蛇在地上滚了几下，就一命呜呼了。

双头蛇死了，孙叔敖又想起了母亲讲过的故事：壁虎是蛇医，蛇只要脑壳不搬家，壁虎就能救活它。万一双头蛇又复活了呢？他就用柴刀砍下了蛇的两个头，分两处把蛇头埋了起来。

回到家里，孙叔敖一放下柴担，就抱着母亲哭了起来：“妈，我活不长了。今天在山上砍柴，我看见了双头蛇，我把它杀了。妈，我死了以后，谁来养活您老呢？”母亲连忙安慰说：“伢，你为百姓除了大害，菩萨有眼，一定会保佑你的。”

果然，孙叔敖不但没死，还当了楚国宰相。孙叔敖埋蛇头的地方，长起两座土冢，后人就把它叫做“双头冢”。